UNA FE VIVA

Un estudio
bíblico de Santiago

———

PATRICIA NAMNÚN

BHESPAÑOL.COM

Gracia escandalosa que me permite servirle. Glorioso Redentor cuyo Espíritu abre mis ojos para que vea las maravillas de Su ley. Bondad del Padre que me ha dado todo lo que necesito para que este libro sea una realidad, incluyendo el gran apoyo de mi esposo y familia.

Una fe viva: Un estudio bíblico de Santiago

Copyright © 2021 por Patricia Namnún

B&H Publishing Group
Nashville, TN37234

Clasificación Decimal Dewey:230
Clasifíquese: FE/VERDAD/APOLOGÉTICA

Diseña de portada por Ligia Teodosiu

Ninguna parte de este libro puede ser reproducida o copiada, bien sea de manera electrónica o mecánica, incluyendo fotocopias, grabaciones, digitalización o archivo de imágenes electrónicas, excepto cuando sean autorizados por la editorial. Las solicitudes de permisos para realizar reproducciones o copias deben hacerse por escrito y enviarse a B&H Publishing Group, One LifeWay Plaza, Nashville, TN 37234-0196.

A menos que se indique lo contrario, todas las citas bíblicas se han tomado de LA BIBLIA DE LAS AMÉRICAS, © 1986, 1995, 1997 por The Lockman Foundation. Usadas con permiso.

ISBN: 978-1-0877-2269-6

Impreso en EE. UU.
2 3 4 5 6 7 8 9 * 26 25 24 23 22

ÍNDICE

Introducción

¡Bienvenida a *Una fe viva*, un estudio interactivo del libro de Santiago! Me llena de gozo saber que estaremos recorriendo juntas estas páginas durante cinco semanas.

Este material está diseñado para ayudarte a acudir diariamente a la Escritura con el fin de profundizar en sus verdades, sellarlas en tu mente y ponerlas en práctica. Realizar este estudio te tomará aproximadamente 30 minutos cada día.

Durante cinco semanas de estudio, podrás conocer de manera general cada capítulo, profundizar y entender el pasaje del día, encontrar la aplicación para tu vida y responder en oración según lo que hayas estudiado. Haremos todo esto a través de estas cinco secciones:

I- PREPARA TU CORAZÓN

Esta sección da inicio al estudio de cada día y tiene como propósito utilizar un salmo de la Palabra para orar al Señor antes de comenzar a estudiarla.

II- ESTUDIA EL PASAJE

Después de orar a través de la Palabra, el estudio te invitará cada día a sumergirte en el pasaje leído. El objetivo es que puedas comenzar a mirar con detenimiento el contenido del pasaje del día y a enfocarte en encontrar lo siguiente:

- *Temas principales del pasaje:* son los distintos temas que salen a relucir a través del texto, esas ideas que saltan del pasaje una y otra vez.

- *Estructura*: la estructura de un libro o pasaje es la forma que este tiene de principio a fin. En esta porción, lo que debes buscar es cuáles son las partes en las que está dividido el pasaje. Esto puedes hacerlo a través de un esquema. Descubrir la estructura de un pasaje puede ayudarte a comprender todo el significado de un texto.

Este es un ejemplo que permitirá entender cómo sería la estructura de un pasaje:

1 Juan 1

i- El testimonio apostólico del Verbo de Vida (vv. 1-3)
La manifestación del Verbo de Vida (v. 2).
La razón de su proclamación (v. 3).

ii- Dios es luz (vv. 4 -10)

El andar en tinieblas y en luz (vv. 5-7).

La realidad de nuestro pecado (v. 8).

El resultado de nuestra confesión (vv. 9-10).

- **Contexto**: esta parte hace referencia al entorno y el contexto del pasaje que estamos estudiando. ¿Dentro de qué género se ubica el libro y la porción que estamos estudiando? ¿Cómo nos ayudan los versos anteriores y posteriores a nuestro pasaje para entender lo que estamos estudiando? ¿Qué nos enseña el contexto histórico? Estas preguntas pueden ayudarte a conocer el universo del pasaje. Cuando estudiamos la Palabra, es de vital importancia que aprendamos a estudiar cada libro y pasaje en particular dentro del contexto en el que se encuentra.

- **Cristo en el texto:** toda la Biblia apunta a Cristo. Él mismo dijo que la Escritura da testimonio de Él. Por lo tanto, parte esencial de nuestro estudio de la Palabra es que busquemos de qué manera Él se ve reflejado en cada pasaje, ya sea a través de Su obra de redención o de Su carácter.

- **Tema unificador**: cuando hablamos de tema unificador, nos estamos refiriendo a la idea central del libro o pasaje que estamos estudiando. En cada libro o pasaje que estudies, encontrarás temas recurrentes. El tema unificador es el mensaje principal que nos comunica el pasaje.

Usando una vez más el pasaje anterior de 1 Juan 1, el tema unificador sería «En Cristo podemos tener comunión con el Padre y andar en la luz, así como Él es luz».

III- PROFUNDIZA EN SUS VERDADES

En esta sección, tiene la oportunidad de profundizar en el pasaje a través de un análisis del texto y la búsqueda de otros pasajes de la Escritura relacionados a la lectura.

IV- APLÍCALO A TU VIDA

Después de haber orado, analizado y profundizado en las verdades contenidas en el pasaje del día, esta sección te permitirá aplicar a tu vida el tema estudiado a través de preguntas que te ayudarán a pensar cómo el pasaje hará la diferencia en tu corazón y tus acciones.

V- RESPONDE EN ORACIÓN

Cada día, esta sección finaliza motivándote a orar por lo estudiado. La oración va dirigida a cuatro áreas: adoración, agradecimiento, confesión y súplica.

Algunas cosas importantes que debes recordar a lo largo de tu estudio:

1. ¡No te apresures en hacerlo! El objetivo de este estudio es que tengas un encuentro con el Señor cada día a través de Su Palabra. No sientas que debes responder cada pregunta o que debes terminar el estudio en cinco semanas. Puedes tomarte más tiempo si lo necesitas. No pierdas de vista tu objetivo: conocer más a tu Señor a través de Su Palabra.

2. No te desanimes si pierdes un día de estudio. ¡Vuelve a intentarlo al día siguiente!

3. Una vez que termines este estudio, te animo a que no te detengas. Sigue estudiando Su Palabra. Oro para que este estudio despierte en ti un hambre por Su Palabra, para que busques saciarte cada día.

Que Dios use este estudio para que puedas crecer, ser ministrada y confrontada, así como yo lo he sido al prepararlo. Que las verdades de Su Palabra tengan un efecto transformador en tu vida y que puedas crecer en el conocimiento del Dios santo.

«Así dice el Señor: No se gloríe el sabio de su sabiduría, ni se gloríe el poderoso de su poder, ni el rico se gloríe de su riqueza; mas el que se gloríe, gloríese de esto: de que me entiende y me conoce, pues yo soy el Señor que hago misericordia, derecho y justicia en la tierra, porque en estas cosas me complazco —declara el Señor» (Jer. 9:23-24).

Introducción al libro de Santiago

Sobre el autor

El título del libro nos muestra el nombre de su autor: Santiago, el hermano de Jesús (Mat. 13:55) y líder de la iglesia en Jerusalén.

Fecha y trasfondo

Santiago muere en el 62 d.C., por lo que se entiende que la carta fue escrita antes de esta fecha. Por lo tanto, la carta probablemente se escribió entre principios o mediados de los años 40 porque el Concilio Apostólico en Jerusalén tuvo lugar entre el 48-49 d.C. y, si hubiese sido escrita en este período, Santiago hubiera hecho mención de las situaciones de ese momento.

La audiencia de la carta de Santiago es principalmente cristianos judíos (1:1) que habían sido dispersados por la persecución y se encontraban en medio de dificultades. Como resultado de estos problemas, el conflicto entró en las iglesias y produjo divisiones. Además de esto, algunos dentro de la iglesia habían caído en un estilo de vida mundano (Sant. 1:27; 4:4) no llevando su fe a la acción y volviéndose de doble ánimo, moviéndose entre Dios y el mundo.

La literatura de Santiago

Aunque en su inicio la carta de Santiago comienza con el saludo típico de las epístolas, el resto del libro no tiene ese formato, sino que es una colección de dichos de sabiduría. El libro de Santiago también pertenece a una antigua forma de sátira griega conocida como diatriba, donde vemos entre otras cosas, diálogos imaginarios, el hablarles a personas ausentes como si estuvieran presentes, metáforas relacionadas a la naturaleza y la vida diaria, un lenguaje duro hacia sus lectores y grandes contrastes.

Tema central

El tema central de la carta de Santiago es llevar nuestra fe a la acción, siendo no oidores olvidadizos, sino hacedores eficaces de Su Palabra.

Verso clave

«Sed hacedores de la palabra y no solamente oidores que se engañan a sí mismos» (1:22).

PRIMERA SEMANA

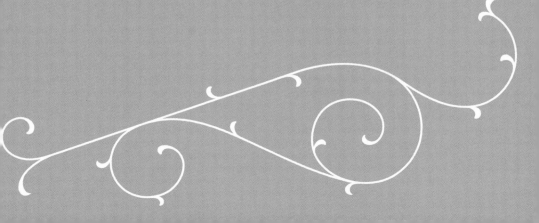

Antes de hacer cualquier otra cosa, te invito a presentarte delante de Dios en oración. Él es quien abre nuestros ojos para que podamos verle y Él es quien a través de Su Palabra nos transforma.

«Abre mis ojos, para que vea las maravillas de tu ley».
Salmos 119:18

Lee la carta completa de Santiago. Esto te permitirá tener una idea general sobre el libro que estudiaremos.

Una vez que hayas leído la carta completa, lee el capítulo 1 por lo menos dos veces para que puedas familiarizarte con el texto. En tu lectura, procura contestar lo siguiente:

¿Qué palabras importantes se repiten?

_____

_____

¿Qué ideas se repiten?

_____

_____

¿Qué atributo de Dios se enfatiza o exalta?

_____

_____

¿Hay alguna idea que pareciera confusa?

_____

_____

¿Cuáles temas encuentras en el primer capítulo?

_____

_____

PREPARA TU CORAZÓN

Usa este salmo para orar al Señor:
«¡Cuán dulces son a mi paladar tus palabras!, más que la miel a mi boca.
De tus preceptos recibo entendimiento, por tanto aborrezco todo camino de mentira».

Salmos 119:103-104

ESTUDIA EL PASAJE

Pasaje del día: *Santiago 1:1-8*

Los siguientes puntos te ayudarán en el camino de entender este pasaje:

TEMAS

¿Cuáles son los temas principales de este pasaje?

_____

_____

ESTRUCTURA

¿Cuáles son las distintas partes de este pasaje?

_____

_____

CONTEXTO

¿Cómo ayuda el contexto histórico a entender mejor este pasaje?

_____

¿Cómo se relaciona este pasaje con los versos anteriores y los que le siguen?

_____

CRISTO EN EL TEXTO

¿De qué manera puedes ver la obra o el carácter de Cristo revelado en este pasaje?

_____

_____

TEMA UNIFICADOR

¿Cuál crees que es la idea central de este pasaje?

_____

_____

PROFUNDIZA EN SUS VERDADES

Ninguna de nosotras quisiéramos estar en aflicción, ¿no es cierto? Tan solo con pensar en una tribulación en nuestra vida nos llenamos de temor... La verdad es que nadie quiere sufrir. Pero debajo del sol, en este mundo caído y afectado por el pecado, la realidad es muy diferente de nuestros deseos que quieren evitar el dolor a toda costa.

Como alguien dijo una vez, solamente tenemos que estar vivos para sufrir. Solamente tenemos que vivir para estar en medio de aflicciones. Jesús mismo nos garantizó esto:

Busca lo que dice Juan 16:33 (quizás ya conoces este pasaje, pero te invito a que lo leas una vez más).

¿Qué está diciendo Jesús en este texto y qué te llama la atención de Sus palabras?

_____

_____

Santiago tenía muy clara esta verdad, pero él veía algo más en la aflicción que nosotras muchas veces perdemos de vista y que es muy diferente de la visión que el mundo tiene del sufrimiento.

¿Puedes mencionar algunas ideas de lo que el mundo nos enseña sobre las aflicciones?

- _____

- _____

- _____

Muy diferente de lo que el mundo nos enseña, Santiago nos dice: «Tened por sumo gozo, hermanos míos, el que os halléis en diversas pruebas» (v. 2).

¿Cómo son las pruebas a las que está haciendo referencia Santiago? _____.

Santiago de alguna manera nos está haciendo entender que el sufrimiento y las dificultades son la experiencia universal de todo creyente.

Pueden ser esas pequeñas dificultades del día a día que nos irritan o esas grandes circunstancias difíciles que son capaces de voltear nuestro mundo.

Pero, en medio de una o de otra, Santiago les dice a sus lectores y nos dice a nosotras que tengamos por sumo gozo el encontrarnos en diversas pruebas.

La razón por la que podemos encontrar gozo es porque hay un propósito en medio de nuestras pruebas, ya que Dios está en medio de ellas.

A través de las pruebas, el Señor nos va perfeccionando, así como aquel que trabaja con metales imperfectos y, por medio de alto fuego, los purifica y los moldea. Eso es lo que nos dice Santiago que el Señor hace con nosotros en medio de las pruebas.

Vuelve a leer los versos 2-3. Según Santiago, ¿cuál es el resultado de las pruebas y por qué crees que esta característica es esencial para la vida del creyente?

¿Qué crees que significa que esta característica nos hace completas?
2 Corintios 3:17-18 puede ayudarte con esta respuesta.

Santiago continúa y ahora en los versos del 5-8 agrega un ingrediente diferente: sabiduría.

Podríamos pensar que Santiago ha pasado a hablar de algo diferente, pero la verdad es que este tema de la sabiduría está dentro del contexto de las pruebas.

¿Por qué crees que necesitamos sabiduría en medio de las pruebas?

Podríamos decir que la sabiduría es ver al mundo y mis circunstancias como Dios las ve y actuar en función de a esta verdad.

¿Qué nos enseñan estos pasajes sobre cómo Dios ve nuestras pruebas?

2 Corintios 4:17: _____

Apocalipsis 21:3-4: _____

Esa sabiduría que necesitamos en medio de las pruebas y en nuestro día a día, ¡Santiago nos enseña que Dios la da sin reproche! Nuestro Dios es un Dios generoso que la da a todo aquel que la pida sin dudar.

¿Por qué crees que Santiago agrega el ingrediente de la fe (v. 6) a la hora de pedir esta sabiduría?

La sabiduría es un ingrediente esencial en nuestras vidas: no nuestras propias fuerzas, nuestra propia prudencia ni nuestro entendimiento de las cosas, sino la de Él.

Pero ¿sabes algo? La sabiduría es más que una idea, es más que teología: la sabiduría es una persona y su nombre es Jesús. Y, si Él te ha salvado de tus pecados, tú estás en una relación personal con Aquel que es la definición y la fuente misma de esa sabiduría que necesitas para ver tus pruebas como Dios las ve y encontrar gozo en medio de ellas.

APLÍCALO A TU VIDA

1. La manera como respondes a las pruebas siempre mostrará lo que es importante para ti. ¿Qué has podido ver que las circunstancias difíciles exponen de tu corazón?

2. Piensa en una dificultad específica por la que estés o hayas estado atravesando. ¿Cómo esa prueba te ha hecho completa, más como Cristo?

3. Si pudieras ver tus aflicciones como Dios las ve y las entiende, ¿cómo te llevaría esto a actuar diferente?

Verdad para recordar: La sabiduría es una persona y su nombre es Jesús. Esa sabiduría encarnada camina contigo en medio de tu aflicción.

RESPONDE EN ORACIÓN

Adora: ¡Dios usa nuestras pruebas para hacernos más como Cristo!

Agradece: Dale gracias a Dios porque la sabiduría se hizo carne, habitó entre nosotros y hoy nos ofrece una relación con Él.

Confiesa: Lleva delante de la cruz cualquier forma de autosuficiencia en la que hayas estado descansando en medio de tus dificultades en lugar de buscar Su sabiduría.

Suplica: Pídele al Señor un corazón que pueda ver cada circunstancia como Él la ve.

 Día 3

PREPARA TU CORAZÓN

Usa este salmo para orar al Señor:

«*Lámpara es a mis pies tu palabra, y luz para mi camino. He jurado, y lo confirmaré, que guardaré tus justas ordenanzas*».

Salmos 119:105-106

ESTUDIA EL PASAJE

Pasaje del día: *Santiago 1:9-11*

Los siguientes puntos te ayudarán en el camino de entender este pasaje:

TEMAS

¿Cuáles son los temas principales de este pasaje?

_____

_____

ESTRUCTURA

¿Cuáles son las distintas partes de este pasaje?

_____

_____

CONTEXTO

¿Cómo ayuda el contexto histórico a entender mejor este pasaje?

¿Cómo se relaciona este pasaje con los versos anteriores y los que le siguen?

CRISTO EN EL TEXTO

¿De qué manera puedes ver la obra o el carácter de Cristo revelados en este pasaje?

TEMA UNIFICADOR

¿Cuál crees que es la idea central de este pasaje?

PROFUNDIZA EN SUS VERDADES

¿Qué es importante para ti? ¿En qué te glorías sobre ti misma? ¿Qué te enorgullece sobre ti? Lo creas o no, siempre tenemos la tendencia de gloriarnos en algo, pero no siempre lo hacemos en el lugar correcto.

Para poder entender este pasaje (y cada uno de los que estemos viendo a lo largo de este libro), es importante que tengamos en cuenta el contexto de la carta. Recuerda que el libro de Santiago fue escrito para judíos cristianos que habían sido dispersos por la persecución a causa de su fe y en medio de esto muchos habían perdido sus bienes.

Santiago habla mucho en este libro sobre pobreza y riqueza, y sobre cómo Dios espera que usemos los recursos que Él nos ha dado. En la mayoría de los casos en esta carta, el rico se presenta como el opresor malvado de los lectores de Santiago, aunque no siempre es así.

Santiago no está estableciendo una fórmula de que el rico es siempre el malvado y el pobre es siempre el justo. La Biblia en general tampoco lo presenta así.

En los versos del 9-11, Santiago presenta nuestra tendencia de gloriarnos, alardear de nosotros mismos y descansar en nuestros propios logros, y ambos, ricos y pobres, tienen esa tendencia.

A los pobres Santiago les dice: «Pero que el hermano de condición humilde se gloríe en su alta posición» (v. 9).

¿Cuál es la alta posición de la que Santiago está hablando si son pobres? La palabra «hermano» en este verso y Romanos 8:17 pueden ayudarte con la respuesta.

Santiago exhorta a los pobres a gloriarse en su humilde condición, en aquello que Cristo ha hecho por ellos, en lugar de en sus calamidades por su pobreza o su propio esfuerzo para salir de esta.

Ahora, Santiago les está diciendo a los pobres que se gloríen en su alta posición, ¿esto no te llama la atención? ¿Cuál es la clase de pobreza que puede producir exaltación? Mateo 5:3 puede ayudarte con esta respuesta.

Santiago continúa y les dice a los ricos: «... y el rico en su humillación, pues él pasará como la flor de la hierba» (v. 10).

Podríamos pensar que estos ricos a los que Santiago les habla son inconversos, pero la verdad es que no. A lo largo de la carta, cuando Santiago les habla a ricos inconversos, él no los exhorta, solo presenta su pecado. En este caso, Santiago los está exhortando. Estos ricos representaban la minoría de creyentes que en los tiempos de esta carta no sufrió pobreza.

Ahora, ¿son las riquezas malas en sí mismas? ¿Qué crees que era lo que estaba representando un problema para estos ricos? Mateo 6:24 puede ayudarte con la respuesta.

Ricos o pobres, la fuente en la cual ellos y nosotras debemos gloriarnos no está en nosotras mismas, nuestras circunstancias o posesiones, sino en Cristo y lo que Él ha hecho.

Ya sea que el mundo vea al pobre como despreciable, ellos deben gloriarse en que Dios los ha exaltado en Cristo. Y ya sea que el mundo vea a los ricos como honorables, ellos deben gloriarse en que Dios los humilló y les mostró su necesidad de salvación.

«Pero jamás acontezca que yo me gloríe, sino en la cruz de nuestro Señor Jesucristo, por el cual el mundo ha sido crucificado para mí y yo para el mundo» (Gál. 6:14).

APLÍCALO A TU VIDA

1. ¿En qué otras cosas, aparte de las riquezas, has notado que tienes la tendencia de gloriarte en busca de bienestar y seguridad, en lugar de hacerlo en Dios?

---

2. Por cada cosa que mencionaste en la pregunta anterior, menciona por qué no tiene sentido gloriarse en esas cosas y por qué es sabio gloriarnos en Cristo.

Verdad para recordar: ¡En riqueza o en pobreza, la obra de Dios en Cristo es nuestra gloria!

RESPONDE EN ORACIÓN

Adora: Exalta al Señor porque Él nos ha exaltado en Cristo.

Agradece: Da gracias porque en riqueza o en pobreza podemos gloriarnos en la obra de Cristo.

Confiesa: Lleva delante de Él cualquier tendencia pecaminosa que hayas estado teniendo de gloriarte en cualquier otra cosa que no sea Jesús.

Suplica: Pídele que en cualquier circunstancia te dé un corazón que se gloríe solo en Él.

Día 4

PREPARA TU CORAZÓN

Usa este salmo para orar al Señor:

«Te ruego aceptes las ofrendas voluntarias de mi boca, oh Señor, y enséñame tus ordenanzas».

Salmos 119:108

ESTUDIA EL PASAJE

Pasaje del día: *Santiago 1:12-18*

Los siguientes puntos te ayudarán en el camino de entender este pasaje:

TEMAS

¿Cuáles son los temas principales de este pasaje?

_____

_____

ESTRUCTURA

¿Cuáles son las distintas partes de este pasaje?

_____

_____

CONTEXTO

¿Cómo ayuda el contexto histórico a entender mejor este pasaje?

_____

_____

¿Cómo se relaciona este pasaje con los versos anteriores y los que le siguen?

_____

_____

CRISTO EN EL TEXTO

¿De qué manera puedes ver la obra o el carácter de Cristo revelados en este pasaje?

_____

_____

¿Cuál crees que es la idea central de este pasaje?

PROFUNDIZA EN SUS VERDADES

En todo tiempo, la Biblia nos presenta un reino al revés: bendecidos serán los que lloran, el menor será el mayor y, como vemos en estos primeros versos de nuestro pasaje de hoy, bienaventurados los que perseveran bajo la prueba.

Hay recompensa en la perseverancia en medio de las pruebas y esto es algo que hemos estado viendo desde versos anteriores, pero ahora nos habla de una recompensa futura. En los versos 2 al 4, veíamos las bendiciones de la prueba hoy, pero aquí nos vamos un poco más allá, a las promesas futuras para aquel que permanece fiel en Él: la vida eterna y todas sus abundantes bendiciones.

Vale la pena perseverar en medio de las pruebas porque la eternidad existe. Hay recompensas de la vida eterna que durarán para siempre. Las aflicciones que hoy vivimos no se comparan con la gloria que habrá de venir (Rom. 8:18).

Como hay una eternidad que nos aguarda, nuestras luchas y nuestra inversión en obedecer a Dios en medio de nuestras pruebas valen la pena.

Santiago continúa y ahora en el verso 13 agrega un ingrediente más al tema de las pruebas: «Que nadie diga cuando es tentado: Soy tentado por Dios; Porque Dios no puede ser tentado por el mal y El mismo no tienta a nadie».

En el verso 12, vimos cómo Santiago habla de que es bienaventurado aquel que persevera bajo las pruebas y luego nos dice que Dios no tienta a nadie, y esto es porque hay una diferencia entre la tentación y la prueba.

¿Cuál podrías decir que es la diferencia?

A simple vista, podríamos pensar que Santiago se ha ido a un tema diferente, a uno completamente desconectado de lo que venía hablando con anterioridad. Pero, si miramos atentamente y pensamos en la naturaleza de las pruebas y de las tentaciones, nos daremos cuenta de que hay un hilo conductor en lo que Santiago viene hablándonos. Toda prueba en nuestras vidas nos presenta tentaciones. Quizás estoy en medio de una enfermedad y viene la tentación de pensar que Dios se ha olvidado de mí.

Quizás mi paciencia está siendo probada bajo diferentes circunstancias y viene la tentación de pensar que todo fuera mejor si tan solo no tuviera los hijos que tengo, el esposo que tengo, los padres que tengo.

Santiago nos deja ver que Dios es el que nos prueba, pero la tentación jamás vendrá de Él. Las pruebas tienen el propósito de santificarnos, las tentaciones de llevarnos a pecar.

Vale la pena aclarar que la tentación en sí misma no es pecado; Jesús fue tentado y nunca pecó. El pecado está en ceder a la oferta. Luego de dejar claro que la tentación no viene de Dios, Santiago nos deja ver de dónde sí viene y nos presenta su anatomía:

«Sino que cada uno es tentado cuando es llevado y seducido por su propia pasión. Después, cuando la pasión ha concebido, da a luz el pecado; y cuando el pecado es consumado, engendra la muerte» (vv. 14-15).

Las tentaciones vienen de nuestras propias pasiones y deseos. Es por eso que para algunos algo puede representar una tentación en un momento y no serlo así para otra persona.

El problema está adentro, no afuera. El problema está en los deseos pecaminosos de mi corazón y aquí vemos cómo Santiago usa dos metáforas para describir el proceso de la tentación y el pecado en nuestros corazones:

- La primera es una imagen de una pesca. Presenta a la tentación como una carnada que seduce a una persona para «morder» el pecado y, cuando está atrapada, es llevada y arrastrada por ese pecado. ¡Qué imagen!

- La segunda imagen que Santiago usa es de la concepción y el nacimiento.

¿Cómo entiendes esta ilustración relacionada a la tentación?

¿Cuál dice Santiago que es el resultado cuando el pecado es consumado?

Finalmente, en los versos 16-18 vemos lo siguiente: «Amados hermanos míos, no os engañéis. Toda buena dádiva y todo don perfecto viene de lo alto, desciende del Padre de las luces, con el cual no hay cambio ni sombra de variación. En el ejercicio de su voluntad, Él nos hizo nacer por la palabra de verdad, para que fuéramos las primicias de sus criaturas».

En los versos anteriores, Santiago nos deja ver que ninguna tentación viene de Dios porque en Él no hay mal alguno y que por esto, no nos engañemos porque lo que viene de Dios es siempre bueno. Todo lo bueno que tenemos viene de Él, del Padre de las luces.

¿Qué cualidad de Dios está mostrando Santiago aquí al llamarle a Dios el Padre de las luces? Génesis 1:3 puede ayudarte con tu respuesta:

Dios es el Creador; Santiago nos recuerda que todo comienza con Dios. Él es el que crea de la nada y el que lo origina todo.

Santiago también nos dice que en Él no hay cambio ni sombra de variación.

Dios no cambia; Él es el mismo siempre. Nuestras circunstancias cambian, pero Él no. Nosotras podemos caer en la tentación y pecar, pero Él sigue siendo bueno a pesar de nosotras. Su bondad ni ningún otro atributo de Su carácter se ve afectado por nosotras. ¡Qué gloriosa verdad!

Él es bueno y nos colma de bondades.

Según el v. 18, ¿cuál es la mayor bondad que hemos recibido de Él? Ver también Romanos 8:32.

APLÍCALO A TU VIDA

1. ¿De qué manera trae ánimo a tu vida la esperanza futura en medio de las pruebas?

----

2. *Piensa en alguna prueba que hayas vivido o en la que te encuentres ahora mismo, ¿cuáles tentaciones has tenido en medio de ellas?*

_____

_____

_____

_____

3. *¿De qué manera la verdad de que Dios no cambia trae consuelo y esperanza en medio de tus pruebas y en medio de tus tentaciones?*

_____

_____

_____

_____

Verdad para recordar: Ya sea en prueba o tentación, la bondad de Dios para nuestras vidas no cambia y la mayor muestra de esta es que Él nos ha hecho nacer de nuevo.

RESPONDE EN ORACIÓN

Adora: Glorifícalo por la realidad de la eternidad que en Cristo se nos ha asegurado.

Agradece: Dale gracias porque por Jesús, aun cuando caemos en la tentación, Su bondad y amor por nosotros no cambian.

Confiesa: Pídele perdón por cualquier tentación en la que te diste cuenta de que caíste en medio de pruebas.

Suplica: Pídele al Señor que fije tus ojos en la eternidad en medio de la prueba y tentación.

Día 5

PREPARA TU CORAZÓN

Usa este salmo para orar al Señor:

«*Tus testimonios he tomado como herencia para siempre, porque son el gozo de mi corazón. He inclinado mi corazón para cumplir tus estatutos por siempre, y hasta el fin*».

Salmos 119:111-112

ESTUDIA EL PASAJE

Pasaje del día: *Santiago 1:19-27*

Los siguientes puntos te ayudarán en el camino de entender este pasaje:

TEMAS

¿Cuáles son los temas principales de este pasaje?

ESTRUCTURA

¿Cuáles son las distintas partes de este pasaje?

CONTEXTO

¿Cómo ayuda el contexto histórico a entender mejor este pasaje?

¿Cómo se relaciona este pasaje con los versos anteriores y los que le siguen?

CRISTO EN EL TEXTO

¿De qué manera puedes ver la obra o el carácter de Cristo revelados en este pasaje?

¿Cuál crees que es la idea central de este pasaje?

PROFUNDIZA EN SUS VERDADES

Como probablemente ya has podido ver hasta ahora, Santiago es una carta de acción y, en el pasaje de hoy, encontramos el tema central sobre el cual gira toda la carta. El cristianismo no se basa solamente en tener ciertas creencias o decir que tenemos fe. Más allá de eso, es tener una vida transformada por el evangelio. En otras palabras, ser creyente no es solamente escuchar y conocer la Palabra de Dios, sino también vivirla.

La fe cristiana es una que conoce, pero principalmente una que vive eso que conoce. En este pasaje, Santiago nos llama a que no seamos solamente oidores olvidadizos de la Palabra, sino que seamos hacedores eficaces (vv. 22-25).

Como creyentes necesitamos reconocer que la Palabra no se nos dio solamente para ser leída y estudiada; se nos dio para ser vivida. Ahora, vale la pena aclarar que Santiago no está despreciando el valor de conocer la Escritura, de exponernos a su enseñanza, porque para vivir la Palabra necesitamos conocerla.

En este exponernos, hay una disposición interior en la que debemos recibir la Palabra de Dios. ¿Cómo crees que el ser lentas para oír, rápidas para hablar y rápidas para la ira impiden que la Palabra eche raíces en una persona?

Un corazón enojado no es enseñable: siempre está listo para responder, pero es muy tardo para escuchar.

Mientras Santiago continúa este pasaje, el problema que nos presenta es con el ser simplemente oidores de la Palabra. El oidor se engaña a sí mismo porque lo que hace es mera religiosidad. Cree que está haciendo algo, pero a la larga el resultado es vacío.

El ser solamente oidor también revela algunas cosas de nuestro corazón:

1. Revela nuestra arrogancia. Cuando no vivimos conforme a las verdades y el estándar de la Palabra, estamos viviendo conforme a nuestro propio estándar y al hacerlo reflejamos la arrogancia de nuestro corazón que dice: «Mis maneras son mejores que las tuyas».

2. Muestra nuestro poco amor por el Señor. Jesús mismo nos enseñó que si lo amamos guardaremos sus mandamientos (Juan 14:15). Un corazón que ama es uno que obedece. Nuestra poca obediencia se traduce en poco amor por el Señor.

Con ese oidor (que a veces somos tú y yo), Santiago hace una comparación que nos ayuda a entender aún más esta idea. Vuelve a leer los versos 23-24. ¿Qué crees que muestra sobre el oidor la comparación que Santiago está haciendo en estos versos?

_____

_____

Así como Santiago nos habla del oidor olvidadizo, también nos muestra cómo luce un creyente que vive en la Palabra:

«Pero el que mira atentamente a la ley perfecta, la ley de la libertad, y permanece en ella, no habiéndose vuelto un oidor olvidadizo sino un hacedor eficaz, éste será bienaventurado en lo que hace» (v. 25).

Con la Palabra el creyente debe vivir de las siguientes formas:

1. Mirando atentamente la Palabra: aquí Santiago evidencia una vez más que necesitamos exponernos a la Escritura, pero no solo escuchar, sino mirarla atentamente, prestar atención especial a sus palabras, inclinar nuestro oído a la Escritura, profundizar en sus verdades.

2. Teniendo un entendimiento correcto de la Escritura: me encanta cómo Santiago le llama a la Biblia en estos versos: «La ley perfecta, la ley de la libertad». La Palabra de Dios es perfecta: no se equivoca en lo que dice ni hay una mejor opción que esta en sus mandatos. Pero la Biblia también trae libertad porque contiene la sabiduría que nos lleva a salvación, nos muestra a Cristo de principio a fin y, a través de la obra del Espíritu Santo, trae transformación a nuestras vidas.

3. Obedeciendo eficazmente: la Palabra se nos dio para ser conocida y ser vivida, y sin obediencia no hay transformación. Nuestro llamado con la Palabra es a ser hacedoras eficaces.

¿El resultado de todo esto? Bienaventurado.

Bendecido es aquel que mira atentamente, tiene un entendimiento correcto y es un obediente eficaz de la Palabra.

El llamado de todo creyente es a vivir la Escritura en cada esfera de su vida y dentro de esas esferas hay tres áreas en las que Santiago nos exhorta a vivir la Palabra.

¿Puedes identificar cuáles son en los versos 26-27?

1._____

2._____

3._____

Santiago usa estos tres ejemplos particulares, aunque eso no quiere decir que sean los únicos frutos de una vida transformada. En lugar de esto, él probablemente los menciona por dos razones:

Lo hace porque, primero, cada uno de estos frutos tenía cierto «prestigio» en las enseñanzas del Antiguo Testamento y, segundo, porque estas parecían ser áreas de lucha entre los lectores de esta carta.

Sean cuales fueran las razones de Santiago, no hay duda alguna de que estos diferentes frutos deben estar evidenciados en todo aquel que busca ser un hacedor eficaz de la Palabra.

APLÍCALO A TU VIDA

1. ¿Puedes pensar en algún área de tu vida en la que hayas estado siendo solamente oidora de la Palabra? ¿De qué formas crees que, como dice Santiago, te has estado engañando a ti misma?

_____

_____

_____

_____

2. *Parte esencial de poder ser hacedoras eficaces de la Palabra es exponerse a ella y profundizar en sus verdades. ¿Cómo ha estado tu exposición a la Palabra? ¿Has vivido en dependencia del Espíritu Santo para permanecer en ella?*

_____

_____

_____

_____

3. *¿De qué manera crees que la obediencia a la Palabra nos hace bienaventurados? ¿Cómo has visto esta verdad en tu vida?*

_____

_____

_____

_____

Verdad para recordar: La Palabra es digna de ser conocida y obedecida. No hay vida plena sin una obediencia real. Y lo mejor de todo es que Él no nos ha dejado solas en esta tarea. ¡Tenemos el poder de su Espíritu que nos capacita para ser hacedoras eficaces!

RESPONDE EN ORACIÓN

Adora: Exalta a Cristo porque ha decidido revelarse a través de Su Palabra.

Agradece: Da gracias por la presencia del Espíritu Santo que nos capacita para llevar vidas de obediencia.

Confiesa: Lleva delante del Señor cualquier área de tu vida en la que no hayas estado viviendo la Palabra.

Suplica: Que el Señor te dé un corazón que ame a Jesús y que por ese amor puedas responder en obediencia a Él.

«Bienaventurado el hombre que persevera bajo la prueba, porque una vez que ha sido aprobado, recibirá la corona de la vida que el Señor ha prometido a los que le aman».
Santiago 1:12

PREGUNTAS PARA DISCUSIÓN DE GRUPO

1. *Al leer este primer capítulo de la carta, podríamos pensar que Santiago está siendo legalista y ha perdido de vista el evangelio. ¿Cuáles evidencias podemos encontrar en este primer capítulo que demuestran que esta no es la realidad?*

2. *La Biblia nos enseña que Dios en Su providencia, en ocasiones, ordena aflicciones en la vida del creyente. ¿En cuáles pasajes de la Palabra se enseña esta verdad? ¿Cuáles historias de la Biblia recuerdas que puedan ilustrarla?*

3. *El verso 11 del capítulo 1 podría dar la impresión de que Dios condena las riquezas. ¿Cuáles otros pasajes de la Biblia muestran que este no es el problema en sí y por qué podríamos decir que esto no es lo que Santiago está diciendo?*

4. *Según lo visto en esta semana, ¿por qué Santiago trae el tema de las tentaciones cuando está hablando de las pruebas? ¿De dónde vienen las tentaciones?*

5. *A nivel personal, ¿de qué manera Dios habló a tu vida a través del estudio de esta semana?*

SEGUNDA SEMANA

Antes de hacer cualquier otra cosa, te invito a presentarte delante de Dios en oración; Él es quien abre nuestros ojos para que podamos verlo y Él es quien a través de Su Palabra nos transforma.

«Abre mis ojos, para que vea las maravillas de tu ley».
Salmos 119:18

Lee el capítulo 2 de Santiago por lo menos dos veces para que puedas familiarizarte con el texto. En tu lectura procura contestar lo siguiente:

¿Qué palabras importantes se repiten?

¿Qué ideas se repiten?

¿Qué atributo de Dios se enfatiza o exalta?

¿Hay alguna idea que pareciera confusa?

¿Cuáles temas encuentras en el segundo capítulo?

PREPARA TU CORAZÓN

Usa este salmo para orar al Señor:

«Tú eres mi escondedero y mi escudo; en tu palabra espero».

Salmos 119:114

ESTUDIA EL PASAJE

Pasaje del día: ***Santiago 2:1-9***

Los siguientes puntos te ayudarán en el camino de entender este pasaje:

TEMAS

¿Cuáles son los temas principales de este pasaje?

ESTRUCTURA

¿Cuáles son las distintas partes de este pasaje?

CONTEXTO

¿Cómo ayuda el contexto histórico a entender mejor este pasaje?

¿Cómo se relaciona este pasaje con los versos anteriores y los que le siguen?

CRISTO EN EL TEXTO

¿De qué manera puedes ver la obra o el carácter de Cristo revelados en este pasaje?

¿Cuál crees que es la idea central de este pasaje?

PROFUNDIZA EN SUS VERDADES

En este mundo caído e injusto todos sufrimos las consecuencias del pecado del favoritismo (algunos más que otros), pero la verdad es que no solo sufrimos las consecuencias, sino que es un pecado del que de alguna manera u otra todas somos culpables. Ninguna de nosotras está libre del favoritismo. Probablemente este es un pecado que está de manera muy profunda en el corazón de cada pecador.

Recodemos que los receptores de esta carta estaban en medio de aflicción y parte de sus dificultades era que estaban enfrentando pobreza. Al saber esto, podríamos pensar que, entre todos los grupos de personas, aquellos en dificultad económica tienen otros pecados con los cuales luchar, pero no el pecado de favoritismo... En este capítulo, Santiago nos muestra lo contrario porque el pecado del favoritismo no tiene nada que ver con las circunstancias, sino con el corazón.

Santiago comienza a hablar del favoritismo dejando claro lo siguiente: «Hermanos míos, no tengáis vuestra fe en nuestro glorioso Señor Jesucristo con una actitud de favoritismo» (v. 1).

Una de las primeras cosas que debemos tener claro con relación al favoritismo es que se trata de la gloria que gobierna nuestro corazón. Como seres humanos, todos fuimos creados a la imagen de Dios y nuestros corazones nos dirigen hacia ciertos tipos de gloria, pero solamente existen dos tipos de gloria detrás de las cuales podemos vivir: podemos vivir por las glorias físicas de este mundo o podemos vivir por la gloria de Cristo.

El favoritismo se trata de la gloria de la apariencia, la gloria de las riquezas, la gloria de la posición, la gloria de las posesiones o la gloria del poder. El favoritismo se trata de una búsqueda de gloria equivocada.

¿Qué crees que revela nuestro favoritismo en esas distintas áreas? Lucas 12:34 puede ayudarte con tu respuesta.

Además de perseguir la gloria equivocada, el favoritismo también olvida la obra del evangelio en nuestras propias vidas:

«Hermanos míos amados, escuchad: ¿No escogió Dios a los pobres de este mundo para ser ricos en fe y herederos del reino que Él prometió a los que le aman?» (v. 5).

Cada persona que viene a Cristo llega en total pobreza de espíritu, sin nada que ofrecer, sin nada que pueda ganar el favor de Cristo. Venimos a Él sin nada y tenemos una sola petición: Su gracia, Su sangre, Su obra.

Pero no es solo que venimos sin nada; es que seguimos sin nada que ofrecer porque todo lo que somos y cualquier valor o justicia en nosotras viene completamente de Cristo. ¡No tenemos de qué gloriarnos! ¡No somos mejores que nadie!

¿De qué manera 1 Corintios 4:7 afirma esta verdad?

Algo más que este pasaje nos enseña sobre el problema del pecado del favoritismo es que pone a quien lo práctica en una posición de juez (v. 4). Cuando pecamos en esta área, estamos «decidiendo» que alguien o algo es mejor o de más valor y emitimos juicios que no nos corresponden a nosotras, sino al Señor.

Santiago agrega un ingrediente a esta posición de jueces y es el juzgar con malos pensamientos. ¿Qué crees que quiere decir esto y cómo tiene que ver con el favoritismo?

El favoritismo también es una violación a la ley de nuestro Rey (vv. 8-9). En estos versos cuando Santiago habla de la ley real, no lo dice en un sentido de ser verdadera, sino de que es la ley de la realeza, la ley de nuestro Rey. Esta ley no solo se refiere al Antiguo Testamento, sino a la forma en la que Jesús la interpreta y cómo Él mismo la cumplió.

Jesús resumió esa ley en lo que conocemos como el gran mandamiento.

¿Por qué crees que Jesús eligió este mandamiento para resumirlos todos? Ver Mateo 22:36-40.

¿Cómo crees que este mandamiento habla de manera directa sobre el pecado de la parcialidad?

Cuidemos nuestros corazones del pecado del favoritismo, recordando que la única gloria digna es la de nuestro Señor, recordando de dónde hemos salido y que todo lo que somos viene de Él, recordando que no se nos ha dado la tarea de ser juez, sino de tratar a otros como nosotros hemos sido tratados por Cristo.

APLÍCALO A TU VIDA

1. ¿De cuáles formas has visto el pecado del favoritismo en tu vida?

_____

_____

_____

_____

2. ¿Qué tipo de gloria que has estado buscando se revela en tu respuesta anterior?

_____

_____

_____

_____

La gratitud es uno de los principales termómetros del estado espiritual de un creyente.

Si tuvieras que medir tu vida en función de la gratitud, ¿cuál sería el resultado?

_____

_____

Verdad para recordar: Siendo nada, Jesús nos dio todo. Nada bueno viene de nosotras mismas: ¡toda virtud viene completamente de nuestro glorioso Señor Jesucristo!

RESPONDE EN ORACIÓN

Adora: Cristo no miró nuestra condición ni se aferró a la Suya para darnos el regalo de la salvación y entregarnos Su justicia. ¡Gloria a Él!

Agradece: Da gracias porque Dios te mira a través de Cristo y Su misericordia triunfó sobre el juicio.

Confiesa: Lleva a la cruz cualquier área en tu vida en la que hayas notado pecado de parcialidad.

Suplica: Pídele al Señor que te dé un corazón que lo ame con todo lo que eres y que ame a los demás como a ti misma.

PREPARA TU CORAZÓN

Usa este salmo para orar al Señor:

«*Sostenme conforme a tu promesa, para que viva, y no dejes que me avergüence de mi esperanza. Sostenme, para estar seguro, y que continuamente preste atención a tus estatutos*».

Salmos 119:116-117

ESTUDIA EL PASAJE

Pasaje del día: *Santiago 2:10-13*

Los siguientes puntos te ayudarán en el camino de entender este pasaje:

TEMAS

¿Cuáles son los temas principales de este pasaje?

_____

_____

ESTRUCTURA

¿Cuáles son las distintas partes de este pasaje?

_____

_____

CONTEXTO

¿Cómo ayuda el contexto histórico a entender mejor este pasaje?

_____

_____

¿Cómo se relaciona este pasaje con los versos anteriores y los que le siguen?

_____

_____

CRISTO EN EL TEXTO

¿De qué manera puedes ver la obra o el carácter de Cristo revelados en este pasaje?

_____

_____

TEMA UNIFICADOR

¿Cuál crees que es la idea central de este pasaje?

_____

_____

PROFUNDIZA EN SUS VERDADES

A veces en nuestro caminar como creyentes, pensamos que de alguna manera podemos ignorar ciertos pecados en nuestras vidas porque estamos «bien en otras áreas». Usualmente esos pecados a los que no les prestamos atención son esos que no son tan «famosos», de los que no se hablan tanto porque pensamos que no son tan graves como el orgullo, la lujuria, la falta de perdón... Pretendemos que estamos bien porque estamos haciendo otras cosas, aunque fallemos en esa área que ignoramos.

Pero hay algo que perdemos de vista y es lo que Santiago le recuerda a su audiencia y a nosotras en estos versos:

> *«Porque cualquiera que guarda toda la ley, pero tropieza en un punto, se ha hecho culpable de todos»* (v. 10).

El pasaje del día de hoy está dentro del contexto del pecado de favoritismo que vimos la semana pasada. Recordemos que, a pesar de la condición de los receptores de esta carta, ellos estaban fallando en esta área.

Santiago les recuerda entonces que aquel que falla en un área de la ley es culpable de ella por completo.

Es como si Santiago nos estuviera enseñando que la ley es como esas extensiones de luces de Navidad, que cuando una de las luces se daña se afecta la extensión completa. Ahora, él no nos está diciendo que porque cometa favoritismo soy una adúltera. La clave para poder entender cómo es que fallando en un área lo hacemos con todas está aquí:

> *«Pues el que dijo: NO COMETAS ADULTERIO, también dijo: NO MATES. Ahora bien, si tú no cometes adulterio, pero matas, te has convertido en transgresor de la ley»* (v. 11).

La razón por la que Santiago nos muestra la violación de la ley de esta manera es porque esta nos ha sido dada de manera completa por el mismo Dios. El mismo que dijo no matarás es el que también dijo que no cometamos adulterio y que nos guardemos del pecado de favoritismo.

Todo pecado es una violación directa al carácter del mismo Dios. Adulterar y cometer el pecado de favoritismo nos convierte en transgresoras de la ley y nos lleva a ofender al mismo Dios.

Como creyentes, no podemos ser selectivas con la Palabra. Dios nos llama a someternos a ella completamente. Santiago trae todo esto una vez más para que recordemos que el pecado de favoritismo no es poca cosa delante del Señor. Revela mi deslealtad a Él y mi deseo de establecer mi propio estándar y hacer mis propias reglas.

El favoritismo revela mi falta de sumisión a la ley del Señor.

Como creyentes, nosotras tenemos un estándar más alto y el llamado de vivir conforme a la ley de la realeza, la ley de nuestro Señor Jesucristo.

¿Cuál es el llamado que Él nos hace? Ver Mateo 22:36-40.

¿De qué manera crees que el vivir bajo esta ley de Cristo es un «antídoto» contra el favoritismo?

Los creyentes deben hablar y actuar de acuerdo con la ley de libertad y teniendo en cuenta el juicio venidero (v. 12).

Finalmente, el último verso de este pasaje nos trae esperanza y la mayor motivación a vivir de esta manera:

> *«Porque el juicio será sin misericordia para el que no ha mostrado misericordia; la misericordia triunfa sobre el juicio» (v. 13).*

La misericordia triunfa sobre el juicio. Si estamos en Cristo, hemos sido receptores de Su gracia que nos perdona y nos empodera para vivir de una mejor manera. Santiago nos recuerda que en Cristo ya no somos hijos del juicio, sino de la misericordia; la misericordia ha triunfado sobre el juicio. Pero, para que la misericordia triunfara sobre nuestras vidas, el juicio tuvo que caer sobre Jesús, y esta es una realidad que no debemos olvidar y que debe servirnos de motivación para vivir conforme a lo que se nos ha sido dado.

En nuestro trato con los demás, frente al pecado del favoritismo, la misericordia debe triunfar sobre el juicio porque Dios no nos ha constituido jueces y porque en Cristo misericordia es lo que nosotras hemos recibido.

APLÍCALO A TU VIDA

1. ¿Hay algún pecado en tu vida que hayas estado ignorando porque piensas que no es tan malo o porque estás «bien» haciendo otras cosas buenas delante de Dios?

_____

_____

_____

_____

2. ¿Hay alguna relación en tu vida en la que la misericordia no esté triunfando sobre el juicio?

_____

_____

_____

_____

3. Haz una lista de las áreas en las que Dios ha mostrado Su misericordia en tu vida. ¡Sé específica!

_____

_____

_____

_____

Verdad para recordar: ¡Cristo cargó con el juicio para que nosotras podamos recibir misericordia! Extendamos a otros la misericordia que nosotras mismas hemos recibido.

RESPONDE EN ORACIÓN

Adora: Exalta al Señor por haber cargado con el juicio que nosotras debimos haber recibido.

Agradece: Dale gracias porque, si estás en Él, la misericordia ha triunfado sobre el juicio en tu vida.

Confiesa: Busca Su perdón en cualquier área de tu vida en la que te hayas dado cuenta de que estás extendiendo juicio en lugar de misericordia.

Suplica: Pídele por un corazón que actúe en gratitud y responda en función de la misericordia que has recibido de Dios en Cristo.

Día 4

PREPARA TU CORAZÓN

> *Usa este salmo para orar al Señor:*
>
> *«Haz con tu siervo según tu misericordia, y enséñame tus estatutos. Yo soy tu siervo, dame entendimiento para que conozca tus testimonios».*
>
> Salmos 119:124-125

ESTUDIA EL PASAJE

Pasaje del día: *Santiago 2:14-17*

Los siguientes puntos te ayudarán en el camino de entender este pasaje:

TEMAS

¿Cuáles son los temas principales de este pasaje?

ESTRUCTURA

¿Cuáles son las distintas partes de este pasaje?

CONTEXTO

¿Cómo ayuda el contexto histórico a entender mejor este pasaje?

¿Cómo se relaciona este pasaje con los versos anteriores y los que le siguen?

CRISTO EN EL TEXTO

¿De qué manera puedes ver la obra o el carácter de Cristo revelados en este pasaje?

TEMA UNIFICADOR

¿Cuál crees que es la idea central de este pasaje?

PROFUNDIZA EN SUS VERDADES

Hace un tiempo, en mi esposo se despertó un gran amor por las plantas y de alguna manera eso ha contagiado a todos en mi hogar. Comenzamos teniendo algunas plantas sin flores y luego pasamos a tener algunas de frutos. Lo que más nos ha emocionado de estas plantas es el proceso de esperar que los frutos salgan y nosotros podamos ser beneficiados al comerlos; pero, si estas plantas no dieran los frutos por las que las compramos, no tendrían sentido y no darían evidencias de su naturaleza.

De alguna manera, esto es lo que sucede con nuestra fe. Luego de haber hablado del pecado del favoritismo, Santiago trae el tema de la fe y los frutos:

> *«¿De qué sirve, hermanos míos, si alguno dice que tiene fe, pero no tiene obras? ¿Acaso puede esa fe salvarlo?»* (v. 14).

Cuando leemos este verso teniendo conocimiento de las cartas de Pablo, podríamos pensar que hay una contradicción y que Santiago está enseñando que las obras son las que traen salvación.

43

Lee Gálatas 2:16. ¿Cuáles verdades trae este pasaje con relación a la fe y a las obras?

_____

_____

_____

_____

Uno de los principios fundamentales para la interpretación de la Palabra es que la Biblia se interpreta con la Biblia. Tomando esto en cuenta, no podríamos decir que Santiago está contradiciendo las verdades que vimos en el pasaje de Gálatas y que se encuentran a lo largo de la Escritura, de que la fe no es producto de las obras. Nadie es justificado por las obras de la ley.

¿Qué es lo que Santiago está diciendo entonces? ¿Te acuerdas de lo que mencioné al principio de los árboles de frutos? Cada árbol frutal produce aquello que representa su naturaleza. No podemos esperar que un árbol de manzanas; produzca piñas. Lo natural es que el árbol de manzana produzca manzanas, por sus frutos conocemos el árbol. Lo natural en nuestra fe es que produzca obras. Las obras no producen nuestra fe, pero sí son un resultado esperado de esta.

Santiago entonces lo ilustra de la siguiente manera:

«Si un hermano o una hermana no tienen ropa y carecen del sustento diario, y uno de vosotros les dice: Id en paz, calentaos y saciaos, pero no les dais lo necesario para su cuerpo, ¿de qué sirve?» (vv. 15-16).

El deseo de que aquel que está en necesidad vaya en paz, se caliente y sea saciado no es malo en sí mismo. Pero mi buen deseo y aun oración no están supliendo la necesidad del momento. Si somos sinceras, muchas veces escondemos detrás de palabras piadosas nuestra falta de deseo de ayuda al otro, nuestra falta de amor de la manera en la que la Biblia lo describe.

La fe verdadera es una que actúa, es una que ve la necesidad y no se queda de brazos cruzados, sino que los extiende a aquel que lo necesita.

¿De qué forma 1 Juan 3:18 refuerza esta verdad?

_____

_____

44

La fe verdadera es una que dará como resultado obediencia y buenas obras. La fe verdadera es una que se mostrará en hacedores de la Palabra; es una que dará frutos.

Lee detenidamente las palabras de Jesús en Mateo 7:16-21 y marca todas las veces que aparece la palabra «fruto» en este texto:

> *«Por sus frutos los conoceréis. ¿Acaso se recogen uvas de los espinos o higos de los abrojos? Así, todo árbol bueno da frutos buenos; pero el árbol malo da frutos malos. Un árbol bueno no puede producir frutos malos, ni un árbol malo producir frutos buenos. Todo árbol que no da buen fruto, es cortado y echado al fuego. Así que, por sus frutos los conoceréis. No todo el que me dice: "Señor, Señor", entrará en el reino de los cielos, sino el que hace la voluntad de mi Padre que está en los cielos».*

Jesús mismo fue Uno que nos modeló en Su caminar el amor y el servicio a los demás, Uno que veía las multitudes y tenía compasión de ellas, Uno que no solamente dio lo más importante, que era el perdón de pecados, sino que también sanó a los enfermos y alimentó al hambriento. Ese es nuestro estándar. Nuestra fe debe ser una que imite a Cristo, una que reconozca la necesidad del alma, pero que también extienda su mano en amor a los demás.

Si tenemos la tendencia de hablar de nuestra fe en Cristo y de las verdades de Su Palabra, pero no actuamos o lo hacemos muy poco, no estamos donde deberíamos. Si no respondemos a la necesidad del otro, si nos cuesta dar de lo que hemos recibido, si no es para nosotras una opción el incomodarnos por servir al otro, debemos revisar el estado de nuestras almas porque la fe sin las obras está muerta. Gracias a Dios que en Jesús encontramos perdón y restauración en medio de nuestra falta de amor.

APLÍCALO A TU VIDA

1. Si tus obras son el termómetro de tu fe, ¿qué dice tu vida de servicio y ayuda a los demás sobre esta?

2. ¿Hay alguien en tu vida a quien le hayas estado simplemente deseando «ve en paz y caliéntate» y que haya necesitado de tu parte mucho más que eso? ¿De qué manera puedes comenzar a amarla en hechos y en verdad?

_____

_____

_____

_____

3. ¿De qué manera los versos de Ezequiel 11:19-20 te dan esperanza de poder vivir una vida de amor y servicio a los demás?

«Yo les daré un solo corazón y pondré un espíritu nuevo dentro de ellos. Y quitaré de su carne el corazón de piedra y les daré un corazón de carne, para que anden en mis estatutos, guarden mis ordenanzas y los cumplan. Entonces serán mi pueblo y yo seré su Dios».

_____

_____

_____

_____

Verdad para recordar: Una fe genuina es una que dará como resultado una vida de obediencia y buenas obras. Si esa es nuestra fe, tenemos en nosotras al Espíritu de Dios que nos capacita a vivir de esta manera.

RESPONDE EN ORACIÓN

Adora: En Cristo hemos recibido un corazón nuevo que nos permite tener una fe viva. ¡Exalta Su nombre por esto!

Agradece: Dale gracias al Señor por la vida de alguien cerca de ti en quien hayas podido ver una fe viva.

Confiesa: Busca Su perdón por la falta de más frutos en tu vida.

Suplica: Pídele que te dé un corazón que pueda encontrar deleite y satisfacción en Él.

PREPARA TU CORAZÓN

Usa este salmo para orar al Señor:

«*Por tanto, amo tus mandamientos más que el oro, sí, más que el oro fino. Por tanto, estimo rectos todos tus preceptos acerca de todas las cosas, y aborrezco todo camino de mentira*».

Salmos 119:127-128

ESTUDIA EL PASAJE

Pasaje del día: *Santiago 2:18-26*

Los siguientes puntos te ayudarán en el camino de entender este pasaje:

TEMAS

¿Cuáles son los temas principales de este pasaje?

_____

_____

ESTRUCTURA

¿Cuáles son las distintas partes de este pasaje?

_____

_____

CONTEXTO

¿Cómo ayuda el contexto histórico a entender mejor este pasaje?

_____

_____

¿Cómo se relaciona este pasaje con los versos anteriores y los que le siguen?

_____

_____

CRISTO EN EL TEXTO

¿De qué manera puedes ver la obra o el carácter de Cristo revelados en este pasaje?

_____

_____

¿Cuál crees que es la idea central de este pasaje?

PROFUNDIZA EN SUS VERDADES

¿Alguna vez has tenido una conversación imaginaria? Si nunca la has tenido, en el pasaje de hoy probablemente ya viste cómo luce una.

En el verso 18, Santiago inicia una breve conversación con un oponente imaginario, donde el oponente le dice: «Tú tienes fe y yo tengo obras». En otras palabras, algunos tienen fe y otros tienen obras, pero las dos no son necesarias. Sin embargo, en esta conversación, vemos cómo Santiago contradice a su oponente dejándole ver que la fe y las obras están obligatoriamente conectadas. «Muéstrame tu fe sin las obras, y yo te mostraré mi fe por mis obras». Santiago lo reta y la verdad es que este oponente no puede responder a su reto porque la manera en la que conocemos que la fe está viva, la manera en la que muestras que tu fe es real es de las obras que vienen de ella.

En su conversación imaginaria, Santiago introduce una comparación interesante para reforzar su punto:

> *«Tú crees que Dios es uno. Haces bien; también los demonios creen, y tiemblan»* (v. 19).

¿Por qué crees que Santiago introduce este punto en su discusión?

La medida de la fe no es en conocimiento: es en frutos. Si lo único que tenemos es conocimiento, hemos llegado tan solo a «nivel demonio».

Hay una diferencia entre el conocimiento que produce obediencia y el conocimiento que simplemente produce más conocimiento. Muchas personas conocen hechos sobre Dios y Su Palabra, pero no logran encarnar esas verdades.

La evidencia de nuestra fe, la muestra de que hemos confiado y creído en Cristo como nuestro representante, que murió y resucitó en nuestro lugar y nos salvó de nuestros pecados, es una vida de frutos, una vida de obediencia a Su Palabra, no el mucho conocimiento.

Santiago no está diciendo aquí que el conocimiento no es necesario, porque sin lugar a dudas lo necesitamos. El conocimiento no es lo que evidencia nuestra fe.

¿Cuáles dos cosas pueden estar evidenciando la falta de fruto en una vida?

1. _____

2. _____

Para ayudarte con la segunda evidencia, te invito a que leas estos versos del Salmo 1. Marca la palabra fruto e identifica a qué está asociada.

«¡Cuán bienaventurado es el hombre que no anda en el consejo de los impíos, ni se detiene en el camino de los pecadores, ni se sienta en la silla de los escarnecedores, sino que en la ley del SEÑOR está su deleite, y en su ley medita de día y de noche! Será como árbol firmemente plantado junto a corrientes de agua, que da su fruto a su tiempo, y su hoja no se marchita; en todo lo que hace, prospera» (Sal. 1:1-3).

Luego de dejar a su oponente imaginario sin nada qué mostrar, Santiago introduce los ejemplos de Abraham y Rahab para continuar ilustrando su punto.

«¿No fue justificado por las obras Abraham nuestro padre cuando ofreció a Isaac su hijo sobre el altar? Ya ves que la fe actuaba juntamente con sus obras, y como resultado de las obras, la fe fue perfeccionada; y se cumplió la Escritura que dice: Y ABRAHAM CREYÓ A DIOS Y LE FUE CONTADO POR JUSTICIA, y fue llamado amigo de Dios. Vosotros veis que el hombre es justificado por las obras y no solo por la fe» (Sant. 2:21-24).

En Génesis 22:1-14, encontramos la historia de Abraham en la que su fe es probada. Te invito a que la leas una vez más.

El verso 24 nos dice que el hombre es justificado por las obras y no solo por la fe. ¿Está Santiago contradiciendo a Pablo, que enseña que nadie es justificado por las obras de la ley (Gál. 2:16)?

_____

_____

La palabra justificación tiene dos significados en la Escritura. Uno de esos es el que Pablo usa como una declaración judicial, donde la justicia de Cristo le es imputada al pecador. Pablo deja claro que esta justificación viene solo por la fe y por la rectitud de Cristo. Por otro lado, hay otro uso más común de esta palabra que se refiere a la presentación pública de esta rectitud a través de la manera de vivir.

¿Cuál de estos dos sentidos de justificación crees que es el que Santiago está usando?

_____

_____

La historia de Rahab (Jos. 2:8-11) es un ejemplo poderoso que muestra una vez más que la fe no es un ingrediente mental; no es intelectualidad. La fe está viva y dará como resultado obras. Si esa fe no da como resultado obras, está muerta; no es una fe real.

Por su fe, Rahab estuvo dispuesta a poner su vida en peligro. Por su fe, Abraham estuvo dispuesto a dar a su hijo confiando en la bondad de Dios y en Su poder de levantar a su hijo de entre los muertos.

¿Y sabes qué? La historia de Abraham nos apunta a algo glorioso: «Dios proveerá para sí el cordero para el holocausto, hijo mío» (Gén. 22:8). ¡Así es, Abraham! Llegaría el día en el que Dios proveería el Cordero que quitaría el pecado del mundo, el autor y consumador de la fe, Aquel que nos da una nueva naturaleza y nos capacita para vivir en frutos de fe.

APLÍCALO A TU VIDA

1. La falta de fruto puede estar asociada a una ausencia de conversión o a un creyente con raíces secas porque se ha apartado de las fuentes de agua viva de la Palabra. Vuelve a leer el Salmo 1:1-3. ¿Cuáles de estas verdades crees que está faltando en tu vida?

2. Abraham dio frutos de su fe al confiar en Dios y al estar dispuesto a entregarle su regalo más grande. ¿Hay algo que Dios te haya estado pidiendo donde no estés evidenciando el fruto de confianza en Él? ¿Qué te detiene?

Verdad para recordar: El fruto es el resultado de la fe que ya hay en nosotras. Cristo es el autor de esa fe y quien te provee de todo lo que necesitas para llevar una vida de obediencia a Él.

Adora: Cristo es el autor y consumador de la fe. Exáltale por la obra de fe en tu vida.

Agradece: Dale gracias al Señor porque por Su Espíritu Él te ha capacitado para vivir una vida con fruto de fe.

Confiesa: Lleva a los pies de la cruz cualquier área de tu vida que esté siendo estéril, sin fruto de tu fe.

Suplica: Pídele al Señor que te ayude a vivir conforme a la libertad del poder del pecado que Él ya te ha otorgado.

«Si en verdad cumplís la ley real conforme a la Escritura: AMARÁS A TU PRÓJIMO COMO A TI MISMO, bien hacéis».
Santiago 2:8

PREGUNTAS PARA DISCUSIÓN DE GRUPO

1. ¿De cuáles formas se manifiesta el pecado de favoritismo en nuestras vidas hoy?

2. En el día 2 de trabajo de esta semana, vimos que el favoritismo es una especie de búsqueda de gloria equivocada. ¿Cómo luce esto en nuestras vidas?

3. Santiago nos enseña que «la misericordia triunfa sobre el juicio» (v. 2:13). ¿Cómo se ve esta verdad en lo vertical (lo que Jesús ha hecho) y cómo debe verse en lo horizontal (nuestras relaciones con los demás)?

4. ¿Cuál es la relación correcta que debe haber entre la fe, el conocimiento y el fruto?

5. A nivel personal, ¿de qué manera habló Dios a tu vida a través del estudio de esta semana?

TERCERA SEMANA

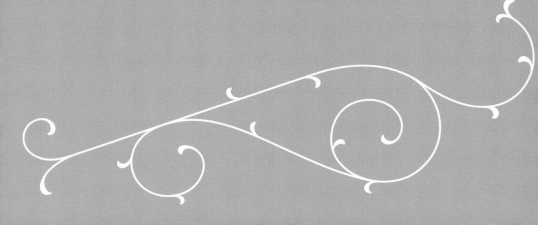

Antes de hacer cualquier otra cosa, te invito a presentarte delante de Dios en oración; Él es quien abre nuestros ojos para que podamos verlo y Él es quien a través de Su Palabra nos transforma.

«Abre mis ojos, para que vea las maravillas de tu ley».
Salmos 119:18

Lee el capítulo 3 de Santiago por lo menos dos veces para que puedas familiarizarte con el texto. En tu lectura procura contestar lo siguiente:

¿Qué palabras importantes se repiten?

_____

_____

¿Qué ideas se repiten?

_____

_____

¿Qué atributo de Dios se enfatiza o exalta?

_____

_____

¿Hay alguna idea que pareciera confusa?

_____

_____

¿Qué temas encuentras en el tercer capítulo?

_____

_____

PREPARA TU CORAZÓN

Usa este salmo para orar al Señor:

«*Maravillosos son tus testimonios, por lo que los guarda mi alma. La exposición de tus palabras imparte luz; da entendimiento a los sencillos*».

Salmos 119:129-130

ESTUDIA EL PASAJE

Pasaje del día: ***Santiago 3:1-8***

Los siguientes puntos te ayudarán en el camino de entender este pasaje:

TEMAS

¿Cuáles son los temas principales de este pasaje?

_____

_____

ESTRUCTURA

¿Cuáles son las distintas partes de este pasaje?

_____

_____

CONTEXTO

¿Cómo ayuda el contexto histórico a entender mejor este pasaje?

_____

_____

¿Cómo se relaciona este pasaje con los versos anteriores y los que le siguen?

_____

_____

CRISTO EN EL TEXTO

¿De qué manera puedes ver la obra o el carácter de Cristo revelados en este pasaje?

_____

_____

¿Cuál crees que es la idea central de este pasaje?

_____

_____

PROFUNDIZA EN SUS VERDADES

En los capítulos anteriores, vimos cómo Santiago estableció el fundamento bíblico y teológico para su tema central de que tener una fe genuina dará como resultado una vida de obediencia a la Palabra. A partir de ahora, lo que Santiago hace es mostrar diferentes áreas en la vida de sus lectores en las que la obediencia se hacía necesaria. Las cosas a las que Santiago se refiere parecen ser luchas muy particulares de sus lectores.

Santiago comienza este capítulo y les dice: «Hermanos míos, no os hagáis maestros muchos de vosotros, sabiendo que recibiremos un juicio más severo» (v. 1).

Pareciera que la audiencia original de esta carta estaba teniendo problemas de ambición personal. En la iglesia primitiva, el ser maestro era algo de mucha importancia, y aquellos que estaban luchando con la ambición personal deseaban ser maestros por las razones incorrectas.

Pero Santiago les deja ver que el convertirse en maestro no es poca cosa y que con esta gran asignación vienen grandes responsabilidades delante de Dios.

¿Qué enseñan Lucas 12:48 y Hebreos 13:17 sobre esto?

_____

_____

_____

_____

Hay tres razones que Santiago presenta por la que muchos deben ser cuidadosos a la hora de «convertirse» en maestros de otros.

1. La primera razón es que los maestros recibirán una mayor condenación. Como pudiste leer en el pasaje de Hebreos, los maestros tendrán que rendir cuentas por la vida de otros. Al ponerse en una posición de mayor conocimiento en comparación con aquellos a los que enseñan, tienen una mayor responsabilidad de obedecer la Palabra y transmitir Sus verdades con una mayor claridad.

2. La segunda razón es que todos fallamos (v. 2a). Este fallar se refiere a pecar y Santiago deja ver que lo hacemos en muchas maneras. Por lo tanto, todo aquel que vaya a asumir la responsabilidad de enseñar debe tener cuidado porque todos pecamos en muchas maneras y la vida de un maestro es observada muy de cerca por aquellos que le siguen.

3. La tercera razón tiene mucho que ver con lo que un maestro usa para comunicar sus enseñanzas, y es el uso de la lengua. El control de la lengua es una muestra extraordinaria de una gran madurez espiritual y Santiago deja ver que alguien con este nivel de madurez es capaz de controlar todo su cuerpo (v. 3).

En los siguientes versos de este capítulo, Santiago continúa hablando de la lengua y la importancia que tiene la manera en la que la usamos. ¡Tema de mucha importancia para nosotras las mujeres que nos gusta hablar tanto!

Además de que como creyentes debemos ser cuidadosos en el uso de nuestra lengua, nuestras palabras son la muestra de algo mucho mayor.

En el siguiente pasaje marca todas las veces en las que aparecen «hablar» o «palabras»:

> «¡Camada de víboras! ¿Cómo podéis hablar cosas buenas siendo malos?
> Porque de la abundancia del corazón habla la boca. El hombre bueno
> de su buen tesoro saca cosas buenas; y el hombre malo de su mal tesoro
> saca cosas malas. Y yo os digo que de toda palabra vana que hablen los
> hombres, darán cuenta de ella en el día del juicio. Porque por tus palabras
> serás justificado, y por tus palabras serás condenado» (Mat. 12:34-37).

¿Qué nos enseña este pasaje sobre la condición de nuestro interior y sobre nuestras palabras?

En los versos del 3-5, Santiago usa tres ejemplos para explicar el poder de la lengua a pesar de ser un miembro tan pequeño.

¿Cuáles son esos tres ejemplos? ¿Podrías explicar con tus palabras lo que Santiago está tratando de ilustrar?

Ahora en los versos del 6-8, Santiago expresa uno de los lenguajes más fuertes en el Nuevo Testamento sobre la lengua:

- La lengua es un fuego, un mundo de iniquidad: Nuestra lengua representa y pone en evidencia todo lo malvado de este mundo.

- Inflama el curso de nuestra vida: La lengua pone de cabeza todo aspecto de la vida de comunidad y a nivel individual.

- Es encendida por el infierno: Todo discurso de maldad destruye porque viene directamente de Satanás.

¡La descripción que Santiago da de nuestra lengua es sorprendente! Sin lugar a dudas, es mucha la destrucción que nuestras palabras pueden causar y muchas veces vivimos sin considerar lo que decimos o sin prestar atención a la condición de nuestro corazón, que revela nuestro hablar.

¿Cuáles son algunas formas distintas en las que nuestras palabras pueden ser de destrucción?

La Palabra hace un llamado más alto para nuestro hablar:

> *«No salga de vuestra boca ninguna palabra mala, sino solo la que sea buena para edificación, según la necesidad del momento, para que imparta gracia a los que escuchan»* (Ef. 4:29).

Que el Señor nos ayude a ser mujeres que en cada palabra puedan glorificar el nombre de Cristo.

APLÍCALO A TU VIDA

1. En los primeros versos del pasaje de hoy, Santiago hablaba de la gran carga que representa el ser maestro, el guiar a otros. Pensando en esta verdad, te invito a que escribas una oración por tus pastores. ¡Su responsabilidad delante de Dios es grande!

2. Cuando Santiago hablaba de la lengua, la comparaba con un pequeño fuego que es capaz de incendiar grandes bosques. ¿Cómo nuestra lengua puede salirse fácilmente de control? ¿Has estado en una situación donde esto ha ocurrido? ¿Cuáles fueron las consecuencias?

3. Efesios 4:29-32 dice: «No salga de vuestra boca ninguna palabra mala, sino solo la que sea buena para edificación, según la necesidad del momento, para que imparta gracia a los que escuchan. Y no entristezcáis al Espíritu Santo de Dios, por el cual fuisteis sellados para el día de la redención. Sea quitada de vosotros toda amargura, enojo, ira, gritos, maledicencia, así como toda malicia. Sed más bien amables unos con otros, misericordiosos, perdonándoos unos a otros, así como también Dios os perdonó en Cristo».

¿Con cuál de las características anteriores te encuentras luchando con más frecuencia? Amargura, enojo, ira, gritos...

Verdad para recordar: ¡Que la Palabra del Señor abunde en nuestro corazón para que esta endulce nuestros labios!

RESPONDE EN ORACIÓN

Adora: Cada palabra pecaminosa fue clavada en la cruz del calvario. ¡Exáltale por la oportunidad de perdón que tenemos en Él!

Agradece: Da gracias porque, si estás en Cristo, el Espíritu Santo habita dentro de ti y obra en tu corazón y en tus labios a través de Su Palabra, que es más dulce que la miel.

Confiesa: Lleva a los pies de la cruz cualquier patrón que hayas identificado de un hablar que no edifique.

Suplica: Pídele al Señor que te mantenga alerta en esta área de pecado y que transforme tu corazón para que tus palabras sean de agrado a Él.

Día 3

PREPARA TU CORAZÓN

Usa este salmo para orar al Señor:

«*Afirma mis pasos en tu palabra, y que ninguna iniquidad me domine. Rescátame de la opresión del hombre, para que yo guarde tus preceptos. Haz resplandecer tu rostro sobre tu siervo, y enséñame tus estatutos. Ríos de lágrimas vierten mis ojos, porque ellos no guardan tu ley*».

Salmos 119:133-136

ESTUDIA EL PASAJE

Pasaje del día: *Santiago 3:9-12*

Los siguientes puntos te ayudarán en el camino de entender este pasaje:

TEMAS

¿Cuáles son los temas principales de este pasaje?

ESTRUCTURA

¿Cuáles son las distintas partes de este pasaje?

CONTEXTO

¿Cómo ayuda el contexto histórico a entender mejor este pasaje?

_____

_____

¿Cómo se relaciona este pasaje con los versos anteriores y los que le siguen?

_____

_____

CRISTO EN EL TEXTO

¿De qué manera puedes ver la obra o el carácter de Cristo revelados en este pasaje?

_____

_____

TEMA UNIFICADOR

¿Cuál crees que es la idea central de este pasaje?

_____

_____

PROFUNDIZA EN SUS VERDADES

Santiago se conoce como un libro de acción y hasta ahora es lo que hemos podido ver, pero es imposible hablar de cómo nuestra fe debe impactar nuestro caminar, nuestro día a día, sin mencionar nuestro hablar.

En esta sección del día de hoy, continuaremos hablando de la lengua. Ayer tuvimos la oportunidad de ver el daño que un miembro tan pequeño puede causar y hoy veremos la contradicción que es amar a Dios, pero ofender al otro con nuestras palabras.

> *«Con ella bendecimos a nuestro Señor y Padre, y con ella maldecimos a los hombres, que han sido hechos a la imagen de Dios; de la misma boca proceden bendición y maldición. Hermanos míos, esto no debe ser así»*
> (vv. 9-10).

Hay una contradicción en la que a veces vivimos y es de la que Santiago nos habla. No es posible decir que amamos a Dios y maldecir a los hombres. ¿Por qué? Porque es el mismo corazón del que procede una cosa y la otra, y nuestras palabras siempre revelarán la condición de nuestro corazón.

1 Juan 4:21: _____

Lucas 10:27: _____

Un corazón que genuinamente ama a Dios amará también al otro. Una de las áreas en las que mostramos nuestro amor o falta de este a los demás es a través de nuestras palabras.

Santiago ya había advertido a sus lectores acerca del hombre de doble ánimo (1:8). Él ahora les advierte sobre la persona de «doble lengua», aquellos que usan su lengua para bendecir a Dios y maldecir a otros. La misma lengua que se usa para bendecir a Dios no debe ser usada para maldecir al hermano que fue creado a imagen de Dios.

Cada ser humano tiene la imagen de Dios plasmada y, cuando ofendemos al otro con nuestras palabras, estamos ofendiendo a la imagen de Dios en él.

En las palabras del mismo Santiago: «¡Esto no debe ser así!» (v. 10).

Si tengo un problema con mi hablar hacia los demás, la causa no son mis circunstancias externas. No es porque mis hijos me desesperan, no es por la crítica de mis amigos o mis padres, no es por la indiferencia de mi esposo... Es por mi falta de amor al Señor.

Nuestras palabras siempre revelarán la condición de nuestro corazón. «¿Acaso una fuente por la misma abertura echa agua dulce y amarga? ¿Acaso, hermanos míos, puede una higuera producir aceitunas, o una vid higos? Tampoco la fuente de agua salada puede producir agua dulce» (vv. 11-12).

Nuestras palabras siempre tomarán una dirección. Pueden irse por el camino de la vida y traer paz, reconciliación, ánimo, perdón, sabiduría, instrucción y verdad. O pueden tomar el camino de muerte y traer condenación, ira, malicia, calumnia, chisme, crítica o juicio. La condición de tu corazón determinará el camino de tus palabras.

Busca las palabras de Proverbios 18:21 y transcríbelas en este espacio:

_____

_____

Y aun en esos momentos del día a día donde tus palabras elijan el camino de muerte, aun allí hay gracia disponible para ti.

Tú y yo no tenemos por qué temer al mirarnos en el espejo de este pasaje porque Dios nos ama y en Su amor Él quiere transformar nuestro corazón.

Santiago dice que ningún hombre es capaz de dominar su lengua y tiene razón. Tú y yo no podemos hacerlo, pero ¿sabes qué? Jesús sí puede hacerlo. Ese que fue la Palabra hecha carne vivió una vida de total perfección, con palabras de vida en todo tiempo y, si estás en Él, esa vida la vivió en tu lugar.

El poder del Espíritu Santo que habita en nosotras puede transformar nuestro corazón y hacer de nuestras palabras una fuente de continua vida y bendición para los demás.

APLÍCALO A TU VIDA

1. En oración delante del Señor, piensa en palabras o frases en las diferentes áreas de tu vida que con frecuencia tomen el camino de destrucción y piensa cómo puedes sustituirlas por palabras que tomen el camino de vida.

---

2. ¿De qué forma crees que puede ayudarte en tu hablar a los demás el recordar que esa persona tiene la imagen de Dios?

---

3. ¿Puedes pensar en alguien en específico a quien hayas estado «maldiciendo» mientras bendices a Dios? ¿Qué crees que puedes hacer diferente?

Verdad para recordar: Ninguna persona es capaz de refrenar su lengua, pero Jesús sí puede hacerlo en ti. Haz lo que tienes que hacer descansando en Su poder que opera en ti.

RESPONDE EN ORACIÓN

Adora: Jesús fue Aquel en cuyos labios no fue hallada ninguna palabra mala. Glorifica Su nombre por la pureza que nos modeló en Su caminar.

Agradece: Dale gracias a Cristo porque Su obra ha hecho posible que tu hablar pueda ser diferente, porque Él te ha hecho una nueva criatura.

Confiesa: En arrepentimiento lleva delante del Señor las áreas donde tu hablar esté tomando un camino de destrucción.

Suplica: Pídele al Señor un corazón que valore Su imagen en otros y que esto te lleve a hablarles con palabras de vida.

 Día 4

PREPARA TU CORAZÓN

Usa este salmo para orar al Señor:

«Justo eres tú, SEÑOR, y rectos tus juicios. Has ordenado tus testimonios con justicia, y con suma fidelidad».

Salmos 119:137-138

ESTUDIA EL PASAJE

Pasaje del día: *Santiago 3:13-16*

Los siguientes puntos te ayudarán en el camino de entender este pasaje:

TEMAS

¿Cuáles son los temas principales de este pasaje?

_____

_____

ESTRUCTURA

¿Cuáles son las distintas partes de este pasaje?

_____

CONTEXTO

¿Cómo ayuda el contexto histórico a entender mejor este pasaje?

_____

_____

¿Cómo se relaciona este pasaje con los versos anteriores y los que le siguen?

_____

_____

CRISTO EN EL TEXTO
¿De qué manera puedes ver la obra o el carácter de Cristo revelados en este pasaje?

_____

_____

TEMA UNIFICADOR
¿Cuál crees que es la idea central de este pasaje?

_____

_____

PROFUNDIZA EN SUS VERDADES

En esta porción del día de hoy, Santiago vuelve a tocar el tema de la sabiduría. En semanas anteriores, la vimos relacionada al tema de las pruebas y ahora es introducida luego de haber hablado del uso de nuestra lengua en relación con Dios y con los demás.

Recordemos que algunos de los receptores de esta carta querían hacerse maestros por ambición personal y clamaban tener un conocimiento superior, pero su actuar y sus palabras no correspondían al estándar de la Escritura.

Santiago entonces les dice: «¿Quién es sabio y entendido entre vosotros? Que muestre por su buena conducta sus obras en mansedumbre de sabiduría» (v. 13).

Para poder entender mejor lo que Santiago está diciendo, necesitamos conocer un poco la sabiduría y la mansedumbre, los dos participantes de la danza que Santiago nos está presentando.

En días anteriores, habíamos hablado de que la sabiduría es ver las cosas como Dios las ve y entonces actuar en función de este conocimiento. Pero ¿cómo llega a nosotras esa sabiduría de Dios? A través de la Palabra, podemos ver cuatro formas distintas en las que esto ocurre:

1. Conversión:

Cuando experimentamos la conversión, la Palabra nos enseña que pasamos a estar en Cristo y esto nos muestra esa relación dinámica que tenemos con Él. Todo creyente está en Jesús, quien es la sabiduría encarnada (1 Cor. 1:30). La relación con Cristo que nos hace estar en Él nos asegura una transferencia de esta sabiduría y nos abre a una mayor sabiduría. Jesús se ha convertido para nosotros en sabiduría de Dios. ¡Gloria a Él!

2. Reverencia:

¿Qué dice Proverbios 9:10?

Cuando vemos a Dios como Él es, santo, asombroso, amoroso, misericordioso, soberano... y tenemos una correcta reverencia a Él, estamos a la puerta de la sabiduría.

Busca en un diccionario el significado de la palabra reverencia. ¿De qué manera esta información te ayuda a entender mejor la necesidad de reverencia al Señor para obtener sabiduría?

3. La Escritura:

Con frecuencia el Salmo 119 nos enseña que la sabiduría viene de la Palabra de Dios.

¿Qué nos dicen las versos 97-100 de este Salmo sobre el rol de la Palabra para alcanzar sabiduría?

4. La oración:

El último camino hacia la sabiduría es la oración. El mismo Santiago nos enseña en Santiago 1:5 que todo aquel que esté falto de sabiduría debe pedirla a Dios y Él la dará de manera abundante y sin reproche alguno, ¡y Dios siempre cumple Su Palabra!

El otro ingrediente que Santiago agrega es la mansedumbre. La sabiduría de lo alto en vez de estar dominada por la maldad de la lengua es dominada por la mansedumbre.

A diferencia de lo que muchos podrían pensar, la mansedumbre no es debilidad: es fortaleza bajo control. La Escritura menciona solo a dos personajes que tienen la característica de la mansedumbre: Moisés (Núm. 12:3) y Jesús (Mat. 11:29). ¡Ninguno de ellos fue débil en lo absoluto!

La característica principal de la mansedumbre es entonces esa sumisión dócil a los propósitos de Dios, a Sus planes para nuestras vidas, haciendo que podamos encontrar descanso en medio de cualquier situación porque hemos depositado nuestra total confianza en Su autoridad y bondad.

La mansedumbre es como ese caballo salvaje y fuerte cuya fortaleza ha sido domada y ahora confía y obedece completa y únicamente a su jinete, esperando su llamado y su dirección para, en completa paz, ir a toda velocidad.

Entonces, según lo que Santiago nos enseña, la sabiduría de lo alto es mostrada en buenas obras y mansedumbre.

Ahora, hay una sabiduría que no viene de lo alto. Esa que está caracterizada por celos amargos y ambición personal es una sabiduría que viene del mundo, de la carne y del diablo.

¿Cuáles cosas enseña el mundo como sabiduría, pero cuyo único propósito detrás es la ambición personal?

Todo obrar que venga como resultado de la ambición personal, del querer sobresalir y ser mejor que los demás no viene de lo alto.

Busquemos ser mujeres caracterizadas por la sabiduría de lo alto, esa que Cristo mismo nos modeló y que nos ha permitido alcanzar porque estamos en Él.

APLÍCALO A TU VIDA

1. ¿De cuáles formas has podido ver en tu vida un obrar basado en celos y ambición personal?

---

2. Según Filipenses 2:3, ¿cuál es el antídoto contra la ambición personal y de qué manera esto necesita ser aplicado en tu vida?

---

3. En el estudio de hoy vimos cómo la sabiduría es alcanzada a través de la Palabra, la reverencia y la oración. ¿A cuáles de estas áreas no les has estado prestando atención y, como resultado, has visto falta de sabiduría en ti?

Verdad para recordar: Cristo es sabiduría de Dios y, si estás en Él, tienes acceso a esa sabiduría. ¡Pide y te será dada!

RESPONDE EN ORACIÓN

Adora: Cristo, la sabiduría de Dios, nos ha dado de Su plenitud. ¡Exalta Su nombre!

Agradece: Da gracias al Señor por el ejemplo que nos dejó de un caminar sin celos ni ambición personal.

Confiesa: Lleva en arrepentimiento esas áreas de tu vida en las que identificaste un obrar basado en una sabiduría terrenal, carnal y diabólica.

Suplica: Pide a Jesús que te dé un corazón que viva en mansedumbre y para los demás como Él lo hizo.

Día 5

PREPARA TU CORAZÓN

> *Usa este salmo para orar al Señor:*
> «El Señor es mi porción; he prometido guardar tus palabras.
> Supliqué tu favor con todo mi corazón; ten piedad de mí conforme a tu promesa.
> Consideré mis caminos, y volví mis pasos a tus testimonios.
> Me apresuré y no me tardé en guardar tus mandamientos».
>
> Salmos 119:57-60

ESTUDIA EL PASAJE

Pasaje del día: *Santiago 3:17-18*

Los siguientes puntos te ayudarán en el camino de entender este pasaje:

TEMAS

¿Cuáles son los temas principales de este pasaje?

ESTRUCTURA

¿Cuáles son las distintas partes de este pasaje?

CONTEXTO

¿Cómo ayuda el contexto histórico a entender mejor este pasaje?

¿Cómo se relaciona este pasaje con los versos anteriores y los que le siguen?

CRISTO EN EL TEXTO

¿De qué manera puedes ver la obra o el carácter de Cristo revelados en este pasaje?

¿Cuál crees que es la idea central de este pasaje?

PROFUNDIZA EN SUS VERDADES

Sabiduría es algo que todos necesitamos. Justo mientras escribía este capítulo, me encontraba en una situación de mi vida en la que la sabiduría me era necesaria y los versos del día de hoy ministraron y confrontaron mi corazón de manera especial.

Pero, además de ayudarme con la decisión que debía tomar, me mostraron que la sabiduría no es algo que necesitamos solo con grandes decisiones; es algo que necesitamos día a día porque en todo momento estamos tomando decisiones.

En el pasaje de ayer, Santiago nos mostraba cómo luce la sabiduría que no viene de lo alto. Esta es una sabiduría...

- Terrenal: Viene de este mundo; está basada en el sistema de valores de este mundo roto y caído.

- Natural: Viene de nuestra carne. Toma decisiones basadas en los deseos de la carne y no del Espíritu.

- Diabólica: Viene del mismo Satanás y toma decisiones que son del agrado de él y no de nuestro Señor.

Pero Santiago no se queda ahí: en los versos de hoy, vemos cómo luce esa sabiduría de lo alto que está completamente a nuestra disposición. En el siguiente verso, marca cada una de las características de esta sabiduría:

> *«Pero la sabiduría de lo alto es primeramente pura, después pacífica, amable, condescendiente, llena de misericordia y de buenos frutos, sin vacilación, sin hipocresía»* (v. 17).

Santiago nos deja ver que la sabiduría de lo alto es...

- Pura: Las decisiones que caracterizan esta sabiduría son limpias, sin ningún rastro de malicia. Y es importante que notemos que esta es la primera característica de esta sabiduría. La pureza es la base de una vida que vive bajo la sabiduría de lo alto.

Busca el Salmo 24:3-5. ¿De qué manera estos versos te ayudan en tu entendimiento de la necesidad de pureza en nuestras vidas?

- Pacífica: La sabiduría de lo alto no busca conflictos, no los crea ni los estimula. Contrario a lo que hace la ambición personal, esta sabiduría toma decisiones que traen paz y no división.

¿Qué te enseñan los siguientes versos sobre nuestra necesidad de ser pacificadoras?

Mateo 5:9: _____

Gálatas 5:22: _____

- Amable: Esta sabiduría actúa con bondad hacia los demás. Toma decisiones que estén caracterizadas por la amabilidad y la gentileza hacia el otro.

- Condescendiente: Busca complacer al otro y acomodarse (sus gustos, intereses, tiempo...) por el bienestar del otro. La sabiduría de lo alto está dispuesta a ceder con tal de poner al otro primero.

¿De qué manera Filipenses 2:3 te ayuda a entender mejor esta característica?

_____

_____

- Llena de misericordia y de buenos frutos: No sé si lo notaste, pero de la lista estas son las únicas características que aparecen junto a la palabra *llena*.

La sabiduría de lo alto es esa que no obra conforme a lo que los demás merecen, sino conforme a lo que nosotras mismas hemos recibido del Señor. Esta sabiduría está movida por la compasión, frente a la necesidad y el pecado del otro.

Pero esta es una misericordia que también está llena de buenos frutos porque ve la necesidad del otro y actúa, porque en medio del pecado del otro no toma en cuenta el mal recibido, sino que responde con bondad.

¿De qué manera Hebreos 4:16 y 8:12 te ayudan a entender mejor nuestra necesidad de esta característica?

_____

_____

- Sin vacilación: En otras traducciones, a esta característica se le da el nombre de «imparcial». La sabiduría de lo alto es una que no toma decisiones buscando el beneficio de alguien en particular, sino que lo hace de acuerdo con lo que es correcto.

- Sin hipocresía: Su obrar está lleno de verdad, de sinceridad. No busca hacer las cosas para aparentar algo que no es o con alguna intención detrás. Lo que muestra es lo que es.

Así luce la sabiduría bajo la cual estamos llamadas a vivir. Así luce la sabiduría de lo alto.

Es una sabiduría que viene a nosotras por una vida de reverencia al Señor, por una vida en la Escritura y una vida de oración, porque el mismo Santiago dice que el que esté falto de sabiduría que la pida a Dios porque Él la da abundantemente y sin reproche. «Tengo más discernimiento que todos mis maestros, porque tus testimonios son mi meditación» (Sal. 119:99).

Y luego de mostrarnos estas características esenciales en nuestro día a día, este capítulo cierra con las siguientes palabras:

«Y la semilla cuyo fruto es la justicia se siembra en paz por aquellos que hacen la paz» (v. 18).

La justicia jamás será producida en un ambiente de ambición y celos amargos que están caracterizados por la sabiduría de abajo. La justicia solo crecerá en un clima de paz. Aquellos que buscan la paz en lugar de causar división tendrán un legado de justicia y una conducta caracterizada por la rectitud la cual Dios bendice.

Busquemos ser mujeres caracterizadas por la sabiduría de lo alto que cosechan frutos de justicia al hacer la paz en total dependencia del Espíritu Santo que habita en nosotras y por Cristo nos capacita para que podamos vivir de esta manera.

APLÍCALO A TU VIDA

1. Cada decisión en nuestras vidas ya sea grande o del día a día, debe estar caracterizada por la sabiduría de lo alto. Te invito a evaluar tu caminar a la luz de las características de la sabiduría de lo alto. ¿Cómo está tu vida en cada una de esas áreas?

Santiago 3:17: «Pero la sabiduría de lo alto es primeramente...»

Pura:

«Por lo demás, hermanos, todo lo que es verdadero, todo lo digno, todo lo justo, todo lo puro, todo lo amable, todo lo honorable, si hay alguna virtud o algo que merece elogio, en esto meditad» (Fil. 4:8).

Pacífica:

«Si es posible, en cuanto de vosotros dependa, estad en paz con todos los hombres» (Rom. 12:18).

Amable:

«Vuestra bondad sea conocida de todos los hombres.
El Señor está cerca» (Fil. 4:5).

Condescendiente:

«Nada hagáis por egoísmo o por vanagloria, sino que con actitud humilde cada uno de vosotros considere al otro como más importante que a sí mismo» (Fil. 2:3).

Llena de misericordia y de buenos frutos:

«Pues vosotros en otro tiempo no erais pueblo, pero ahora sois el pueblo de Dios; no habíais recibido misericordia, pero ahora habéis recibido misericordia» (1 Ped. 2:10).

Sin vacilación:

«Y le enviaron sus discípulos junto con los herodianos, diciendo: Maestro, sabemos que eres veraz y que enseñas el camino de Dios con verdad, y no buscas el favor de nadie, porque eres imparcial» (Mat. 22:16).

Sin hipocresía:

«Porque nuestra satisfacción es ésta: el testimonio de nuestra conciencia que en la santidad y en la sinceridad que viene de Dios, no en sabiduría carnal sino en la gracia de Dios, nos hemos conducido en el mundo y especialmente hacia vosotros» (2 Cor. 1:12).

Verdad para recordar: Sabiduría es ver las cosas como Dios las ve y actuar en función de ese conocimiento. Que nuestras vidas luzcan de acuerdo a la sabiduría de lo alto.

RESPONDE EN ORACIÓN

Adora: Exalta el nombre de Cristo porque Él modeló primero cada una de estas características que estamos llamadas a vivir.

Agradece: Da gracias porque Él nos capacita para que podamos vivir bajo la sabiduría de lo alto.

Confiesa: Arrepiéntete por cualquier área en la que no hayas estado viviendo conforme a la sabiduría de lo alto.

Suplica: Pide por una vida que deje de lado la ambición personal y viva reflejando esa sabiduría que viene de lo alto.

«Pero la sabiduría de lo alto es primeramente pura, después pacífica, amable, condescendiente, llena de misericordia y de buenos frutos, sin vacilación, sin hipocresía».
Santiago 3:17

PREGUNTAS PARA DISCUSIÓN DE GRUPO

1. *¿Por qué podríamos decir que la condición de nuestros corazones determina el camino de nuestras palabras?*

2. *¿Por qué no podemos decir que amamos a Dios mientras maldecimos y hablamos mal de nuestros hermanos?*

3. *¿De qué manera se hace necesaria la sabiduría en nuestra manera de hablar a los demás?*

4. *¿Por qué la mansedumbre es una característica importante en nuestra correcta comunicación con otros?*

5. *Santiago nos deja ver que la justicia crecerá en un clima de paz. ¿Por qué crees que esto es así?*

CUARTA SEMANA

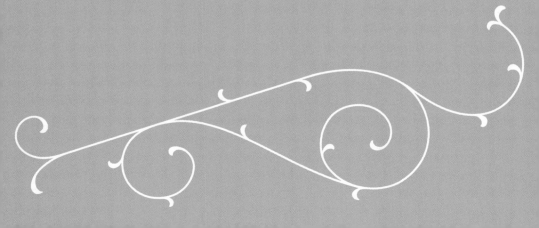

Antes de hacer cualquier otra cosa, te invito a presentarte delante de Dios en oración; Él es quien abre nuestros ojos para que podamos verlo y Él es quien a través de Su Palabra nos transforma.

«Abre mis ojos, para que vea las maravillas de tu ley».

Salmos 119:18

Lee el capítulo 4 de Santiago por lo menos dos veces para que puedas familiarizarte con el texto. En tu lectura procura contestar lo siguiente:

¿Qué palabras importantes se repiten?

_____

_____

¿Qué ideas se repiten?

_____

_____

¿Qué atributo de Dios se enfatiza o exalta?

_____

_____

¿Hay alguna idea que pareciera confusa?

_____

_____

¿Qué temas encuentras en el cuarto capítulo?

_____

_____

Día 2

PREPARA TU CORAZÓN

Usa este salmo para orar al Señor:

«Tus testimonios son justos para siempre; dame entendimiento para que yo viva. He clamado con todo mi corazón; ¡respóndeme, SEÑOR! Guardaré tus estatutos. A ti clamé; sálvame, y guardaré tus testimonios».

Salmos 119:144-146

ESTUDIA EL PASAJE

Pasaje del día: **Santiago 4:1-2a**

Los siguientes puntos te ayudarán en el camino de entender este pasaje:

TEMAS

¿Cuáles son los temas principales de este pasaje?

ESTRUCTURA

¿Cuáles son las distintas partes de este pasaje?

CONTEXTO

¿Cómo ayuda el contexto histórico a entender mejor este pasaje?

¿Cómo se relaciona este pasaje con los versos anteriores y los que le siguen?

CRISTO EN EL TEXTO

¿De qué manera puedes ver la obra o el carácter de Cristo revelados en este pasaje?

¿Cuál crees que es la idea central de este pasaje?

PROFUNDIZA EN SUS VERDADES

En el capítulo anterior, veíamos el conflicto que había entre los receptores de la carta.

Muchos de ellos estaban queriendo hacerse maestros por ambición personal y usaban sus lenguas para atacarse y derribarse el uno al otro. Entonces luego de ver en el capítulo 3 cómo luce la sabiduría, la manera de actuar celestial y el llamado a vivir en función de esta sabiduría y no en un simple alarde de conocimiento, ahora en el capítulo 4 estaremos viendo el conflicto en sí de una manera más específica.

> *«¿De dónde vienen las guerras y los conflictos entre vosotros? ¿No vienen de vuestras pasiones que combaten en vuestros miembros?»* (v. 1).

A lo largo del tiempo, la filosofía secular se ha preguntado cuál es la fuente de los conflictos y han llegado a diferentes conclusiones: diferencias en creencias, diferencias en filosofías, expectativas distintas, etc. Todas estas ideas de la procedencia de los conflictos tienen algo en común: los factores son externos.

Pero Santiago llega a la raíz del asunto. ¿Cuál es la procedencia de los conflictos según el verso 1?

Santiago trae una vez más esta idea que Jesús mismo nos enseñó. Lo que contamina al hombre no es lo que está afuera; es lo que está dentro de nosotros:

> *«No hay nada fuera del hombre que al entrar en él pueda contaminarlo; sino que lo que sale de adentro del hombre es lo que contamina al hombre»*
> (Mar. 7:15).

La causa de nuestras guerras y conflictos con los demás no tienen nada que ver con el otro. No es lo que está afuera lo que causa mis conflictos. Mis conflictos (lo que viene de mi parte) tienen que ver con lo que hay dentro de mí, con las pasiones que combaten en mi interior, como dice Santiago. No tiene nada que ver con lo que el otro dijo o no dijo, hizo o dejó de hacer.

Es importante que entendamos que, cuando Santiago habla de estas pasiones, se está refiriendo a esos deseos centrados en nosotros mismos. Mis deseos fuertes centrados en mí me llevan a tener conflictos con otros.

Ahora, vale la pena aclarar que estamos hablando de las pasiones de nuestro corazón porque yo no puedo controlar las pasiones del otro y sus reacciones, y Dios no me va a pedir cuentas por ellas, sino por las mías.

Santiago sigue y lo que vemos en los próximos versos es un lenguaje fuerte:

> *«Codiciáis y no tenéis, por eso cometéis homicidio. Sois envidiosos y no podéis obtener, por eso combatís y hacéis guerra»* (v. 2).

Las pasiones centradas en ellos mismos eran tan fuertes que Santiago les dice que su codicia los lleva al punto de cometer homicidio.

Con relación al punto del homicidio, algunos piensan que esto era algo que literalmente estaba ocurriendo y otros coinciden en que el lenguaje aquí usado es metafórico. Ambas cosas pudieran ser posibles y, ya sea de un lado o del otro, creo que Santiago deja claro lo serio de lo que estaba sucediendo.

Mateo 5:21-22 nos ayuda a entender por qué Santiago podría haber usado un lenguaje metafórico en estas circunstancias:

> *«Habéis oído que se dijo a los antepasados: "NO MATARÁS" y: "Cualquiera que cometa homicidio será culpable ante la corte". Pero yo os digo que todo aquel que esté enojado con su hermano será culpable ante la corte; y cualquiera que diga: "Raca" a su hermano, será culpable delante de la corte suprema; y cualquiera que diga: "Idiota", será reo del infierno de fuego».*

Quizás veamos todo esto y digamos: ¡Guau, esta gente estaba mal! Pero no debemos irnos muy lejos. Cuando estamos estudiando la Biblia, tú y yo siempre compartimos una condición con el texto, y es la condición caída. Tú y yo somos ellos.

Estos primeros versos de la carta nos dejan claro que la raíz de nuestros pleitos y conflictos tiene que ver con la búsqueda de nuestros placeres, con la motivación interior de satisfacer esos deseos que tienen como motor la ambición personal y siempre buscan satisfacer, sin éxito, algo en nuestro interior.

«De todos los que han intentado el experimento del egoísmo, que salga uno y diga que ha tenido éxito. El que ha hecho del oro su ídolo, ¿lo ha satisfecho? El que ha trabajado en los campos de la ambición, ¿ha recibido pago? El que ha saqueado todos los teatros de disfrute sensual, ¿está contento? ¿Puede alguna respuesta ser afirmativa? ¡Ni una!», Dr. Samuel Johnson[1].

Cuando miramos la vida de Jesús, vemos algo muy diferente de esto. Vemos a alguien que en todo tiempo estuvo caracterizado por el amor. Vemos a alguien que dejó Sus intereses de lado siendo Él mismo Dios. A Él debemos imitar y solo Él debe ser la motivación de nuestro corazón porque solo así estaremos satisfechas.

Que el Señor nos dé corazones que busquen y sean movidos por la gloria de Su buen nombre.

APLÍCALO A TU VIDA

1. Los conflictos y discusiones vienen de nuestros deseos egoístas. Piensa por un momento, ¿hasta dónde has sido capaz de llegar por conseguir algo que deseabas? ¿Qué has sido capaz de sacrificar? ¿Quiénes han sufrido por tus deseos? Piensa en alguna situación en específico. ¿Cuáles fueron las consecuencias?

_____

_____

_____

2. Luego de haber entendido que los conflictos vienen de nuestras pasiones que están en puja dentro de nosotros, ¿qué crees que necesita pasar en tu corazón y qué puedes hacer al respecto?

_____

_____

_____

---

[1] Citado en Hughes Kent. *Preaching The Word*, Commentary Series. (Crossway, 1991).

Verdad para recordar: No hay satisfacción en una vida centrada en nuestros propios deseos. Al final, cuando hemos alcanzado eso que creemos nos dará satisfacción, terminamos más vacías y dañadas porque solo Cristo nos completa.

RESPONDE EN ORACIÓN

Adora: Exalta Su nombre porque siendo Dios nos modeló una vida sin ambición personal.

Agradece: Agradécele por la gracia que encontramos aun en medio de nuestros deseos egoístas.

Confiesa: Lleva delante de la cruz cualquier situación en la que hayas estado detrás de tus deseos egoístas, sin importar a quién afectaras para conseguirlo.

Suplica: Ruega por un corazón cuyo único deseo sea la gloria de Su nombre y el bienestar del otro.

Día 3

PREPARA TU CORAZÓN

> *Usa este salmo para orar al Señor:*
> *«Me anticipo al alba y clamo; en tus palabras espero. Mis ojos se anticipan a las vigilias de la noche, para meditar en tu palabra. Oye mi voz conforme a tu misericordia; vivifícame, oh SEÑOR, conforme a tus ordenanzas».*
> Salmos 119:147-149

ESTUDIA EL PASAJE
Pasaje del día: *Santiago 4:2b-6*
Los siguientes puntos te ayudarán en el camino de entender este pasaje:
TEMAS

¿Cuáles son los temas principales de este pasaje?

ESTRUCTURA

¿Cuáles son las distintas partes de este pasaje?

CONTEXTO

¿Cómo ayuda el contexto histórico a entender mejor este pasaje?

_____

_____

¿Cómo se relaciona este pasaje con los versos anteriores y los que le siguen?

_____

_____

CRISTO EN EL TEXTO

¿De qué manera puedes ver la obra o el carácter de Cristo revelados en este pasaje?

_____

_____

TEMA UNIFICADOR

¿Cuál crees que es la idea central de este pasaje?

_____

_____

PROFUNDIZA EN SUS VERDADES

Si hay algo que caracteriza a los niños, es que piden. No tienen temor de pedir lo que sea que se les ocurra que quieran y no puedan obtener por ellos mismos. El problema es que muchas veces no saben exactamente qué quieren o sus deseos no son buenos y son cosas que terminarían haciéndoles daño, porque son niños y porque son pecadores.

En los versos de hoy, estaremos viendo una situación similar, pero con implicaciones mucho mayores.

En el día anterior (en los primeros versos de este capítulo), estuvimos viendo cómo Santiago dejaba claro que el problema de los conflictos y las guerras entre nosotros tiene su origen en el corazón; viene de nuestras pasiones que combaten dentro de todos nosotros.

¿Recuerdas a qué se refiere Santiago cuando habla de «pasiones»?

_____

_____

Luego de sentar esta base, Santiago continúa y les dice lo siguiente:

«No tenéis, porque no pedís. Pedís y no recibís, porque pedís con malos propósitos, para gastarlo en vuestros placeres» (vv. 2b-3).

Esta idea de que no tenemos porque no pedimos es un recordatorio de que los creyentes deben pedirle a Dios lo que buscan en lugar de luchar entre ellos. La falta de oración da lugar a la imposibilidad de recibir muchas de las bendiciones de Dios.

En relación con esta idea de que no tenemos porque no pedimos, La Palabra nos deja ver que hay cosas que Dios ha orquestado que hará solamente si Su pueblo ora. Eso no quiere decir que cambiamos la voluntad de Dios, sino que Él lo ha diseñado de esa manera.

¿De qué manera ves esto mostrado en Isaías 37:15-21?

Dicho lo anterior, vale la pena aclarar que Santiago no está queriendo decir aquí que Dios quiera otorgar deseos pecaminosos y egoístas (4:3), pero presentar nuestras solicitudes y deseos ante Dios puede tener una influencia purificadora en nosotros.

Santiago 4:3 también nos revela que pedimos mal. No todas las oraciones son agradables a Dios, solo aquellas que son consistentes con Su voluntad, como se revela en la Escritura (Juan 5:14-15). En lugar de tratar de honrar a Dios y promover los propósitos de Su reino, tales oraciones solo buscan satisfacer pasiones egocéntricas.

Santiago no está diciendo que todo placer es incorrecto (Gén. 1:31; Sal. 16:11; 1 Tim. 6:17); solo el placer que no tiene la gloria de Dios como meta (1 Cor. 10:31).

Algo que nosotras debemos tener en cuenta es que el placer como tal fue creado por Dios. Satanás no se inventó el placer porque él no crea nada; lo que sí hace es distorsionar lo que Dios creó. El problema con nosotros está en las formas y los medios que utilizamos para buscar ese placer.

Todo lo que Santiago ha mencionado hasta ahora revela algo en nosotros:

«¡Oh almas adúlteras! ¿No sabéis que la amistad del mundo es enemistad hacia Dios? Por tanto, el que quiere ser amigo del mundo, se constituye enemigo de Dios» (v. 4).

Y es que, cuando vivimos de esta manera, en guerras y conflictos por una búsqueda de satisfacer nuestros deseos egoístas, estamos eligiendo el sistema, los patrones y los valores de este mundo por encima de Dios. Nos convertimos en adúlteras porque estamos con Dios, pero cedemos ante el primer coqueteo de las pasiones de este mundo y somos capaces de destruir y dañar con tal de conseguir eso que queremos.

Esa manera de vivir no es compatible con Dios; no tiene nada que ver con Su reino. Y por esto el verso 5 nos dice:

«*¿O pensáis que la Escritura dice en vano: Él celosamente anhela el Espíritu que ha hecho morar en nosotros?*».

Nuestro Dios es un Dios con un celo santo. Te invito a transcribir las palabras de Isaías 42:8:

Dios creó a la humanidad con un espíritu, y Él desea profundamente que nuestros espíritus lo adoren. Él no va a compartir Su adoración ¡porque no hay nada ni nadie más que la merezca!

La verdad es que, cuando nosotras nos vamos detrás de nuestras pasiones, cuando le damos la espalda a Dios para seguir las cosas de este mundo, estamos siendo arrogantes porque pensamos que sabemos qué es lo mejor y que nuestras ideas, planes y deseos son mejores que los de Dios.

Santiago nos dice que la gracia de Dios se extenderá a aquellos que son humildes delante de Él (Prov. 3:34). Pero Dios se opone al soberbio, y eso significa que Él resiste y envía juicio porque los orgullosos han elegido la alabanza y los métodos del mundo y están actuando como enemigos de Dios (Sant. 4:4). Una vida de humildad siempre encontrará Su gracia.

APLÍCALO A TU VIDA

1. ¿En cuál o cuáles áreas de tu vida te has ido detrás de las ideas, los patrones y los valores de este mundo? Trata de pensar en algún área en específico de tu vida y escribe de qué manera entiendes que esto está sucediendo.

---

2. Santiago nos enseña que Dios resiste a los soberbios, pero da gracia a los humildes. ¿De qué manera crees que luce esta gracia en una persona que vive en humildad? ¿Has podido ver esto en tu vida? ¿De qué manera?

---

3. En la porción de hoy, vimos cómo nuestro Dios anhela que nuestro espíritu lo adore e Isaías 42:8 nos recuerda que Él no dará Su gloria a otro. ¿Le has dado a otro o a otra cosa la gloria que solo le pertenece a Dios? ¿Qué evidencias puedes ver en tu vida de esto?

Verdad para recordar: Todo lo que genuinamente nuestras almas necesitan lo encontramos en Cristo. No tenemos que correr detrás del mundo; no necesitamos centrarnos en nosotras e ir detrás de nuestros deseos porque haciendo esto nuestras almas jamás estarán satisfechas. Solo tenemos que mirarlo a Él y que nuestras vidas sean una adoración a Él. Él nos recibe; Él nos da la gracia.

RESPONDE EN ORACIÓN

Adora: Exalta a Cristo porque en Él encontramos todo lo que nuestras almas necesitan.

Agradece: Agradece por la gracia que encontramos en Él al llevar una vida que reconoce quién es Él y quiénes somos nosotras.

Confiesa: Lleva delante de la cruz toda área que hayas podido identificar en la que te hayas ido detrás del mundo y le hayas dado la espalda a Dios.

Suplica: Pídele a Jesús que te conceda un corazón que viva en humildad con los ojos puestos solo en Él y no en ti misma.

Día 4

PREPARA TU CORAZÓN

Usa este salmo para orar al Señor:

«Se me acercan los que siguen la maldad; lejos están de tu ley. Tú estás cerca, SEÑOR, y todos tus mandamientos son verdad. Desde hace tiempo he sabido de tus testimonios, que para siempre los has fundado».

Salmos 119:150-152

ESTUDIA EL PASAJE

Pasaje del día: **Santiago 4:7-12**

Los siguientes puntos te ayudarán en el camino de entender este pasaje:

TEMAS

¿Cuáles son los temas principales de este pasaje?

ESTRUCTURA

¿Cuáles son las distintas partes de este pasaje?

CONTEXTO

¿Cómo ayuda el contexto histórico a entender mejor este pasaje?

¿Cómo se relaciona este pasaje con los versos anteriores y los que le siguen?

CRISTO EN EL TEXTO

¿De qué manera puedes ver la obra o el carácter de Cristo revelados en este pasaje?

¿Cuál crees que es la idea central de este pasaje?

PROFUNDIZA EN SUS VERDADES

En el día anterior, estuvimos viendo cómo el Señor resiste a los que son soberbios, pero da gracia a los humildes. Da gracia a todo aquel que reconoce que Sus planes y designios son mejores y se somete a ellos en vez de pensar en su arrogancia que sus ideas son mejores que las de Dios.

Ahora, Santiago no nos deja solo con el llamado a humillarnos, sino que también nos dice cómo hacerlo:

Subraya en este verso las 5 cosas que Santiago nos manda a hacer:

> *«Por tanto, someteos a Dios. Resistid, pues, al diablo y huirá de vosotros. Acercaos a Dios, y Él se acercará a vosotros. Limpiad vuestras manos, pecadores; y vosotros de doble ánimo, purificad vuestros corazones. Afligíos, lamentad y llorad; que vuestra risa se torne en llanto y vuestro gozo en tristeza. Humillaos en la presencia del Señor y Él os exaltará»* (vv. 7-10).

El primer llamado de Santiago es una cara de una misma moneda donde de un lado encontramos el aspecto negativo del llamado y del otro el aspecto positivo:

1. **Resistan** al diablo.

Este primer llamado que nos hace Santiago es ese aspecto negativo. Este llamado a resistir es una metáfora militar que hace alusión a pararnos en contra en combate.

El apóstol Pablo en el libro de Efesios nos ayuda a saber cómo hacerlo.

> *«Por tanto, tomad toda la armadura de Dios, para que podáis resistir en el día malo, y habiéndolo hecho todo, estar firmes. Estad, pues, firmes, CEÑIDA VUESTRA CINTURA CON LA VERDAD, REVESTIDOS CON LA CORAZA DE LA JUSTICIA, y calzados LOS PIES CON EL APRESTO DEL EVANGELIO DE LA PAZ; en todo, tomando el escudo de la fe con el que podréis apagar todos los dardos encendidos del maligno. Tomad también el YELMO DE LA SALVACIÓN, y la espada del Espíritu que es la palabra de Dios»* (Ef. 6:13-17).

¿Cuáles son las formas en las que este pasaje nos enseña a resistir al diablo?

_____

_____

_____

_____

2. **Acérquense** a Dios.

Ahora Santiago nos enseña la otra cara del llamado. El creyente debe estar viendo en todo momento la espalda del diablo y el rostro de Dios. Santiago nos enseña que, al acercarnos a Dios, Él se acercará a nosotros. Esto mismo fue lo que el hijo pródigo experimentó cuando se acercaba a su hogar: ¡el padre salió corriendo a su encuentro!

Por Cristo tenemos garantizada la cercanía del Padre:

> *«Pero ahora en Cristo Jesús, vosotros, que en otro tiempo estabais lejos, habéis sido acercados por la sangre de Cristo»* (Ef. 2:13).

3. **Limpien** sus manos.

Ahora Santiago continúa con la parte externa y la interna del llamado. Hay algo que debía pasar en los receptores de esta carta y en nosotros en medio de nuestro pecado, y es el rechazo, el dejar de lado el pecado. El arrepentimiento debe verse reflejado en nuestro accionar.

En la Palabra, encontramos en múltiples ocasiones el llamado a despojarnos de hábitos pecaminosos (Ef. 4:22).

4. **Purifiquen** sus corazones.

Este es entonces el llamado interno, la purificación de nuestros corazones. Esta parte es esencial porque sin esto lo anterior no puede suceder. No hay transformación externa sin un cambio interno (Col. 2:20-23).

5. **Aflíjanse** por su pecado.

Santiago nos llama a hacer duelo por nuestros pecados, a tener un corazón que se duela por nuestras faltas, no un corazón insensible que se regocije en la maldad, en aquellos que ofende y que desagrada el nombre de nuestro Señor. Nuestro pecado debería dolernos.

6. **Humíllense** en la presencia del Señor.

Una vida de sometimiento a Dios es una vida humillada delante de Él y, cuando hacemos esto, el resultado es que Él nos exalta. Mientras nos estemos exaltando a nosotras mismas no recibiremos esa exaltación de Dios. (Mat. 23:12; Luc. 1:52; 1 Ped. 5:6).

Una vez más, cuando hacemos todo esto, estamos resistiendo al diablo. Él será derrotado y tendrá que huir, como lo hizo de Cristo (Luc. 4:13).

Santiago vuelve entonces al problema original en los versos 11-12, el problema de la lengua y el uso de nuestras palabras para derribarnos unos a otros.

En lo que hemos visto hasta ahora en esta misma carta, hablar mal de los demás es el resultado de lo siguiente:

- Una jactancia arrogante (3:5).

- Los celos (vv. 14,16).

- Los deseos egocéntricos (4:1,3).

- El orgullo (v. 6).

Tal conducta difamatoria es denunciada tanto en el Antiguo Testamento (Lev. 19:16; Sal. 50:20) como en el Nuevo Testamento (Rom. 1:30; 2 Cor. 12:20).

Entonces Santiago dice que, cuando yo hablo mal de mi hermano o lo juzgo yo...

1. Hablo mal de la ley:

La «ley» probablemente se refiere a estas leyes del A.T. contra la calumnia, particularmente Levítico 19:16, que lleva al 19:18: «Amarás a tu prójimo como a ti mismo». ¿Recuerdas cómo Santiago llama a esta ley? Si no lo recuerdas, puedes ir al capítulo 2:8_____.

Sin embargo, también incluye en un sentido más amplio las leyes del reino de Jesús con respecto al amor al prójimo (Mat. 22:39). Aquellos que juzgan inapropiadamente al otro quebrantan la ley de Dios y muestran desprecio por Dios.

2. Me pongo por encima de la ley y usurpo el lugar del Legislador:

Solo Dios dio la ley y Él es el único juez (Sal. 9:19; Isa. 2:4) para salvar y destruir.

Cuando juzgamos o hablamos mal del otro, Santiago hace una muy buena pregunta: ¡¿Quién te crees que eres?!

¿Quién nos ha dicho que estamos por encima del otro? ¿Quién nos ha dicho que tenemos la potestad para juzgar a otros, para condenarlos, para determinar las motivaciones de sus corazones? Solo hay un legislador y no somos nosotras.

Cristo Jesús es el único que vivió una vida perfecta, en quien jamás se encontró falta alguna. Solo Él es el juez perfecto; solo Él tiene la potestad para salvar o destruir. Reconozcamos Su lugar y pongámonos en el nuestro al someternos a Él.

APLÍCALO A TU VIDA

1. En la porción de hoy, vimos cómo estamos llamados a acercarnos a Dios y Él nos garantiza que se acercará a nosotros. ¿Cuáles son las formas en las que crees que puedes llevar esto a cabo en tu vida diaria?

---

2. Además de acercarnos a Dios, Santiago nos llama a resistir al diablo. Mientras estudiábamos esta parte, vimos el pasaje de Efesios 3:13-17. Según ese pasaje, ¿cuál es la espada del Espíritu? ¿De qué manera has visto esto como una realidad en tu vida y cómo te ha afectado cuando ha habido una ausencia de la misma en tu vida? Por ejemplo, cuando tienes que enfrentar alguna tentación...

---

3. ¿Hay alguna relación en la que en tu manera de actuar y hablar te estés poniendo como juez de esa persona? ¿Qué puedes hacer al respecto?

Verdad para recordar: Por Cristo Jesús, Dios se acerca a todo aquel que vaya a Él. ¡Acércate a Dios!

RESPONDE EN ORACIÓN

Adora: Exalta a Cristo por ser el Juez justo que pesa nuestros corazones.

Agradece: Dale gracias a Dios por estar dispuesto a acercarse a cualquiera que lo busque.

Confiesa: Lleva delante de la cruz cualquier área en la que no estés sometiéndote a Dios.

Suplica: Ruega por un corazón que de manera intencional resista al diablo y se acerque a Dios.

Día 5

PREPARA TU CORAZÓN

> *Usa este salmo para orar al Señor:*
> *«Mira mi aflicción y líbrame, porque no me olvido de tu ley. Defiende mi causa y redímeme; vivifícame conforme a tu palabra. Lejos está de los impíos la salvación, porque no buscan tus estatutos».*
>
> Salmos 119:153-155

ESTUDIA EL PASAJE

Pasaje del día: *Santiago 4:13-17*
Los siguientes puntos te ayudarán en el camino de entender este pasaje:

TEMAS

¿Cuáles son los temas principales de este pasaje?

_____

_____

ESTRUCTURA

¿Cuáles son las distintas partes de este pasaje?

_____

_____

CONTEXTO

¿Cómo ayuda el contexto histórico a entender mejor este pasaje?

_____

_____

CRISTO EN EL TEXTO

¿De qué manera puedes ver la obra o el carácter de Cristo revelados en este pasaje?

TEMA UNIFICADOR

¿Cuál crees que es la idea central de este pasaje?

PROFUNDIZA EN SUS VERDADES

A lo largo de este capítulo, Santiago nos ha ido mostrando la arrogancia presente en los receptores de esta carta manifestada en diferentes áreas y ahora en los últimos versos de este capítulo vemos un área más.

> «Oíd ahora, los que decís: Hoy o mañana iremos a tal o cual ciudad y pasaremos allá un año, haremos negocio y tendremos ganancia. Sin embargo, no sabéis cómo será vuestra vida mañana. Solo sois un vapor que aparece por un poco de tiempo y luego se desvanece. Más bien, debierais decir: Si el Señor quiere, viviremos y haremos esto o aquello. Pero ahora os jactáis en vuestra arrogancia; toda jactancia semejante es mala. A aquel, pues, que sabe hacer lo bueno y no lo hace, le es pecado» (4:13-17).

Aunque Santiago se está dirigiendo específicamente a los comerciantes cristianos enfocados materialmente en sus congregaciones, que trazaron con arrogancia sus destinos en función de la rentabilidad, sin referencia a la voluntad de Dios, la verdad en estos versos es aplicable a todos.

Al ver estos versos, podríamos pensar que Santiago está atacando el hecho de que planifiquemos, pero la verdad es que no está mal planificar, todo lo contrario: los creyentes debemos caracterizarnos por ser sanamente organizados y buenos mayordomos de lo que Dios nos ha dado.

Entonces la planificación y la inversión no están mal, pero la arrogante autoconfianza y la jactancia sí lo están.

El problema no está en la planificación, sino cuando hacemos nuestros planes pensando que las cosas van a salir y tienen que hacerlo tal cual como las planificamos y dejamos de lado lo siguiente:

1. La soberanía de Dios: Él está en absoluto control de todas las cosas y es quien decide y determina todo cuanto va a suceder.

2. Su sabiduría: Sus designios son siempre mejores que los nuestros. Lo que Él decida hacer será siempre mejor que lo que nosotras planifiquemos.

3. Su amor y bondad: Sus planes y propósitos jamás estarán despegados de Su amor y Su bondad para con Sus hijos.

4. La fragilidad de la vida: Nuestras vidas son cambiantes y ningún ser sobre la tierra tiene asegurado el próximo minuto de su existencia.

Lee estos versos del Salmo 102:

> *«Mis días son como sombra que se alarga; y yo me seco como la hierba. Mas tú, Señor, permaneces para siempre, Y tu nombre por todas las generaciones»* (Sal. 102:11-12).

¿Qué dice sobre nuestros días y qué nos enseña sobre Dios?

Entonces, ¿debemos planificar? ¡Claro que sí! Pero con la actitud del corazón que sabe que planifica con las manos abiertas: «Esto es lo que yo quiero, pero que se haga tu voluntad, Señor». «Esto es lo que estoy planeando, pero yo quiero tus planes».

Entonces, cuando nuestro corazón tiene la actitud del «si Dios quiere» (porque esto es más que expresarlo con nuestras palabras), no nos vamos a frustrar, no nos vamos a enojar o a amargar cuando las cosas no salgan como queremos porque están saliendo tal y como Él las quiere.

Santiago cierra entonces el capítulo con el desafío de llevar a cabo todo lo que aquí ha dicho y no sucumbir al pecado de omisión:

> *«A aquel, pues, que sabe hacer lo bueno y no lo hace, le es pecado»*
> (Sant. 4:17).

¿A qué se refiere Santiago con «lo bueno» en este texto?:

Lo bueno aquí es aceptar la verdad de que nuestra vida es breve, que somos un vapor que hoy es y mañana desaparece, que nosotras no tenemos control sobre nuestra brevedad en esta tierra y que Sus planes y propósitos son mejores siempre. Es que nuestros corazones puedan decir en todo tiempo «si Dios quiere». Lo bueno es vivir y aplicar estas verdades.

¿Hay alguna área en específico donde Dios te esté llamando a hacer Su voluntad? ¿Quizás pidiéndote que renuncies a algo? Si ese es el caso, hacer lo bueno es decir: «Sí, Señor, estoy dispuesta».

¿Quizás te está llamando a aceptar algo? Si es así que puedas decir: «Sí, Señor, estoy dispuesta». ¿Quizás te está llamando a ir a algún lado? Que puedas decir: «Sí, Señor, estoy dispuesta».

Tan solo somos niebla que hoy es y mañana desaparece, pero nuestro destino está asegurado por el mismo que nos acompaña y guía en el trayecto, nuestro glorioso Señor Jesucristo.

APLÍCALO A TU VIDA

1. ¿Cuáles efectos negativos puede traer a nuestras vidas esa tendencia de creernos dioses y soberanos de nuestras propias vidas?

---

2. ¿Cuál es la asunción detrás del planificar sin tener en cuenta los planes y propósitos de Dios? ¿Qué revela esto de nuestros corazones?

---

3. ¿Crees que necesitas decir la frase «si Dios quiere» en cada cosa que digas? ¿Cómo crees que puedes cultivar esta clase de dependencia en tu vida?

Verdad para recordar: Nuestras vidas son pasajeras y cambiantes, pero Aquel que las sostiene es el mismo hoy, mañana y siempre.

RESPONDE EN ORACIÓN

Adora: Bendice Su nombre porque Él es el Dios que controla todo.

Agradece: Dale gracias porque Sus planes para tu vida están siempre llenos de Su bondad y amor para contigo.

Confiesa: Si has descubierto en tu corazón la arrogancia de pensar que tu destino está en tus manos, lleva esto en arrepentimiento delante de Él y confiesa tu pecado.

Suplica: Pide por un corazón que viva consciente y sometido al control y los planes del Señor para tu vida

> *«Por tanto, someteos a Dios. Resistid, pues, al diablo y huirá de vosotros.*
> *Acercaos a Dios, y Él se acercará a vosotros...».*
> Santiago 4:7-8a

PREGUNTAS PARA DISCUSIÓN DE GRUPO

1. ¿Por qué las pasiones de nuestros corazones son las causantes de nuestros conflictos con otros?

2. ¿Por qué crees que Santiago introduce la idea de que «no tenemos porque no pedimos» mientras habla de nuestras guerras por las pasiones de nuestros corazones? ¿Qué papel crees que juega la oración aquí?

3. ¿Qué relación hay entre nuestras pasiones y la amistad con el mundo?

4. ¿De qué manera va de la mano el resistir al diablo y acercarnos a Dios?

5. ¿De qué manera Dios usó este capítulo para trabajar en tu vida?

QUINTA SEMANA

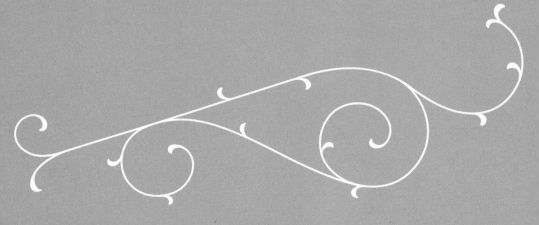

Antes de hacer cualquier otra cosa, te invito a presentarte delante de Dios en oración. Él es quien abre nuestros ojos para que podamos verlo y Él es quien a través de Su Palabra nos transforma.

«Abre mis ojos, para que vea las maravillas de tu ley».

Salmos 119:18

Lee el capítulo 5 de Santiago por lo menos dos veces para que puedas familiarizarte con el texto. En tu lectura procura contestar lo siguiente:

¿Qué palabras importantes se repiten?

_____

_____

¿Qué ideas se repiten?

_____

_____

¿Qué atributo de Dios se enfatiza o exalta?

_____

_____

¿Hay alguna idea que pareciera confusa?

_____

_____

¿Qué temas encuentras en el cuarto capítulo?

_____

_____

Día 2

PREPARA TU CORAZÓN

Usa este salmo para orar al Señor:

«Muchas son, oh SEÑOR, tus misericordias; vivifícame conforme a tus ordenanzas. Muchos son mis perseguidores y mis adversarios, pero yo no me aparto de tus testimonios. Veo a los pérfidos y me repugnan, porque no guardan tu palabra. Mira cuánto amo tus preceptos; vivifícame, SEÑOR, conforme a tu misericordia».

Salmos 119:156-159

ESTUDIA EL PASAJE

Pasaje del día: *Santiago 5:1-6*
Los siguientes puntos te ayudarán en el camino de entender este pasaje:

TEMAS

¿Cuáles son los temas principales de este pasaje?

_____

_____

ESTRUCTURA

¿Cuáles son las distintas partes de este pasaje?

_____

_____

CONTEXTO

¿Cómo ayuda el contexto histórico a entender mejor este pasaje?

_____

_____

¿Cómo se relaciona este pasaje con los versos anteriores y los que le siguen?

_____

_____

CRISTO EN EL TEXTO

¿De qué manera puedes ver la obra o el carácter de Cristo revelados en este pasaje?

_____

_____

TEMA UNIFICADOR

¿Cuál crees que es la idea central de este pasaje?

_____

_____

PROFUNDIZA EN SUS VERDADES

En la primera sección de este capítulo, encontramos a Santiago advirtiendo sobre el juicio que vendría contra aquellos que habían estado usando sus riquezas y poder para oprimir al pueblo de Dios, poniendo en evidencia una vez más el orgullo del corazón humano cuando se opone a Dios y a Su pueblo.

Recuerda que los receptores de esta carta estaban sufriendo cierta persecución y opresión, y gran parte de esta venía de los ricos. Santiago comienza a hablarles a ellos ahora, dirigiendo su atención a los comerciantes y terratenientes ricos que controlaban gran parte de Galilea y, de hecho, gran parte del Imperio romano.

Santiago los denuncia por su acumulación materialista de riqueza, por oprimir y engañar a sus trabajadores y por sus acciones centradas en ellos mismos que han llevado inclusive a la muerte de personas inocentes y justas.

Pero aquí hay algo interesante. Como quizás ya has podido notar, en esta sección Santiago no se está dirigiendo a creyentes.

Él les está hablando aquí a ricos no creyentes que han estado oprimiendo a aquellos que están por debajo de ellos. Podemos notar que este grupo no es creyente porque Santiago no los exhorta, todo lo que trae referente a ellos es un lenguaje de juicio y, si te das cuenta, Santiago comienza esta sección diciendo: «¡Oíd ahora, ricos!» y no los llama hermanos, como sí lo hace en la próxima sección.

Vuelve a leer los versos 1-6. ¿Qué cosas encuentras en estos versos que te ayudan a formar una descripción de estas personas a las que Santiago se está dirigiendo?

_____

_____

Vale la pena resaltar que Santiago no nos está diciendo que las riquezas son malas. Grandes hombres y mujeres de Dios en la Escritura eran ricos: Abraham, Job, David, Lidia.

«Porque la raíz de todos los males es el amor al dinero, por el cual, codiciándolo algunos, se extraviaron de la fe y se torturaron con muchos dolores» (1 Tim. 6:10).

El enfoque nuevamente está en aquellos que obtienen su riqueza de una manera deshonrosa, la convierten en el centro de sus vidas y no la usan para el beneficio de otros.

Las posesiones materiales tienden a enfocar nuestros pensamientos e intereses solo en el mundo. La riqueza esclaviza gradualmente a quienes están apegados a ella y corrompe sus valores.

El punto de Santiago en estos versos es que, en todas las cosas en las que ellos habían puesto su fe (riquezas, oro y plata), no tendrán ningún valor en el último día. Santiago no tiene duda de que el día del juicio final llegará, ese día en el que Dios hará nuevas todas las cosas.

Pero, mientras ese día final llega, la Palabra nos deja ver que Dios no es ajeno al sufrimiento y a la opresión de los más débiles:

> *«Y los egipcios nos maltrataron y nos afligieron y pusieron sobre nosotros dura servidumbre. Entonces clamamos al SEÑOR, el Dios de nuestros padres, y el SEÑOR oyó nuestra voz y vio nuestra aflicción, nuestro trabajo y nuestra opresión; y el SEÑOR nos sacó de Egipto con mano fuerte y brazo extendido, con gran terror, con señales y milagros»*
> (Deut. 26:6-8).

> *«Pero Él salva al pobre de la espada, de sus bocas y de la mano del poderoso. El desamparado, pues, tiene esperanza, y la injusticia tiene que cerrar su boca»* (Job 5:15-16).

> *«¿Gobernará el que aborrece la justicia? ¿Y condenarás al Justo poderoso, que dice a un rey: "Indigno", a los nobles: "Perversos"; que no hace acepción de príncipes, ni considera al rico sobre el pobre, ya que todos son obra de sus manos?»* (Job 34:17-19).

Aunque toda esta sección tiene como su audiencia original a no creyentes, la Palabra misma nos enseña en Romanos 15:4 que toda la Escritura fue escrita para nosotros, para que encontremos en ella el estímulo y la esperanza que necesitamos.

Las palabras de Santiago en estos versos son para nosotras hoy. Quizás te encuentras en alguna posición donde tienes cierto poder y no lo has estado usando correctamente, sino que has estado de alguna manera oprimiendo a aquellos bajo tu cargo.

Quizás hay posesiones en tu vida que de alguna manera están teniendo control sobre ti y están dominando los afectos de tu corazón.

Sea cual fuera el caso, examinemos nuestros corazones delante de Dios, sabiendo que nuestro Señor escucha el clamor de los necesitados y que nadie puede amarle a Él y a las riquezas.

APLÍCALO A TU VIDA

1. Piensa en las áreas de tu vida en las que tienes cierto poder. ¿Cómo lo usas? ¿Cómo tratas a tus empleados? ¿A la señora que trabaja en tu casa? ¿A tus hijos? ¿A la persona que te atiende en un restaurante? ¿Los oprimes o los tratas como a personas que Dios ha puesto a tu alrededor con Su imagen, por los que debes tener cuidado y a quienes debes amar?

_____

_____

_____

_____

2. ¿Cuáles crees que serían las formas correctas en las que como creyente debes usar el poder y las posesiones que Dios ha puesto en tus manos?

_____

_____

_____

3. ¿De qué manera podrías identificar que las posesiones y el poder están tomando control de los afectos de tu corazón?

_____

_____

_____

Verdad para recordar: Recuerda que el poder y las posesiones no nos son dadas para oprimir o para que nos controlen, sino para la gloria de Su nombre y la bendición de Su pueblo.

RESPONDE EN ORACIÓN

Adora: Nuestro Señor no es ajeno al clamor del débil. ¡Bendice Su nombre por esto!

Agradece: Dale gracias por la misericordia y la gracia que nos extiende ofreciéndonos Su perdón cuando hemos usado mal aquello que Él nos ha dado.

Confiesa: Si has identificado en ti un corazón que ama las riquezas y abusa del poder, lleva esto delante de Él en arrepentimiento.

Suplica: Pídele al Señor que te conceda un corazón que lo ame solo a Él y que use para Su gloria todo lo que Él te ha dado.

Día 3

PREPARA TU CORAZÓN

Usa este salmo para orar al Señor:
«La suma de tu palabra es verdad, y cada una de tus justas ordenanzas es eterna. Príncipes me persiguen sin causa, pero mi corazón teme tus palabras. Me regocijo en tu palabra, como quien halla un gran botín. Aborrezco y desprecio la mentira, pero amo tu ley».
Salmos 119:160-163

ESTUDIA EL PASAJE

Pasaje del día: *Santiago 5:7-8*
Los siguientes puntos te ayudarán en el camino de entender este pasaje:
TEMAS

¿Cuáles son los temas principales de este pasaje?

ESTRUCTURA

¿Cuáles son las distintas partes de este pasaje?

CONTEXTO

¿Cómo ayuda el contexto histórico a entender mejor este pasaje?

¿Cómo se relaciona este pasaje con los versos anteriores y los que le siguen?

CRISTO EN EL TEXTO

¿De qué manera puedes ver la obra o el carácter de Cristo revelados en este pasaje?

TEMA UNIFICADOR

¿Cuál crees que es la idea central de este pasaje?

PROFUNDIZA EN SUS VERDADES

¿Recuerdas cómo en la sección anterior Santiago se dirigía a esos ricos inconversos que estaban usando su poder y riquezas para engañar y oprimir? Ahora en los versos 7-11 (aunque hoy nos estaremos enfocando solo en los versos 7-8), él se dirige a esos que estaban siendo los recipientes de esa opresión.

Lo que hace Santiago en estos versos es traerles esperanza, pero esa esperanza que él les trae no viene en la envoltura que a veces nosotras (en nuestro pecado) quisiéramos. Santiago no les dice: «No se preocupen, Dios los va a hacer pagar de manera inmediata. Sus riquezas van a terminar pronto y luego serán ustedes quienes tengan posesiones y poder...». El estímulo de Santiago es uno mucho mejor:

> «*Por tanto, hermanos, sed pacientes hasta la venida del Señor. Mirad cómo el labrador espera el fruto precioso de la tierra, siendo paciente en ello hasta que recibe la lluvia temprana y la tardía*» (v. 7).

El llamado de Santiago: Sean pacientes.

A veces tendemos a ver la paciencia como una espera resignada, pero esto no es lo que Santiago les está pidiendo aquí. En lugar de esto, la petición es una espera intencional y expectante en el Señor.

Para estar seguro de que ellos pudieran entender lo que Santiago les estaba diciendo, él se los presenta con una ilustración.

¿Te diste cuenta cuál es?

Vale la pena que entendamos el proceso para poder apreciar la ilustración. En el proceso de cosecha, las «lluvias tempranas» en la ciudad de Palestina llegan a finales de octubre y principios de noviembre. Los agricultores esperan estas lluvias ansiosamente porque hacen posible la cosecha. Fuertes lluvias llegan de diciembre a febrero, y las lluvias de primavera llegan en abril y mayo. Estas lluvias representan un proceso en el cual no puede haber cosecha. Todos los agricultores conocen y deben someterse pacientemente a este proceso. No hay forma en la que puedan luchar contra esto y hacerlo sería inútil.

De esta misma manera, los receptores de esta carta debían someterse pacientemente a este proceso de Dios, y en la espera sin lugar a dudas tendrían momentos estresantes donde quizás podrían llegar a pensar que la lluvia nunca llegaría. Pero tiempos de espera, con los ojos puestos en Cristo, son de gran beneficio para la vida del creyente.

Sin embargo, esta espera no es un camino sin fin: «Fortaleced vuestros corazones, porque la venida del Señor está cerca» (v. 8b).

¡Cristo vuelve! La mayor esperanza durante la espera es que un día nuestro Señor regresará. El estímulo de que la venida del Señor está cerca lo encontramos también en otros pasajes de la Escritura, ¡dado por Cristo mismo!

> *«He aquí, yo vengo pronto. Bienaventurado el que guarda las palabras de la profecía de este libro»* (Apoc. 22:7).

> *«He aquí, yo vengo pronto, y mi recompensa está conmigo para recompensar a cada uno según sea su obra»* (Apoc. 22:12).

> *«Él que testifica de estas cosas dice: Sí, vengo pronto. Amén. Ven, Señor Jesús»* (Apoc. 22:20).

Ciertamente no sabemos ni el día ni la hora en la que nuestro Señor regresará, pero sin lugar a dudas ¡está más cerca de cuando Santiago dijo estas palabras!

En medio de nuestros sufrimientos, podemos tener la esperanza de que nuestro Rey regresará. Pero, no solo eso, la vida de cada creyente debe estar caracterizada por un fuerte deseo de que Jesús vuelva y un gran anhelo de que sea pronto.

Mientras esperamos por su venida, hay algo que Santiago nos enseña que necesitamos hacer: Fortalecer nuestros corazones.

¿Cómo crees que podemos hacer esto mientras aguardamos su venida con paciencia? Pista: Apocalipsis 22:7 puede ayudarte con tu respuesta:

En medio de las pruebas y sufrimientos, fortalezcamos nuestros corazones y pongamos nuestros ojos en que este día llegará:

> *«Entonces oí una gran voz que decía desde el trono: He aquí, el tabernáculo de Dios está entre los hombres, y Él habitará entre ellos y ellos serán su pueblo, y Dios mismo estará entre ellos. Él enjugará toda lágrima de sus ojos, y ya no habrá muerte, ni habrá más duelo, ni clamor, ni dolor, porque las primeras cosas han pasado. Y el que está sentado en el trono dijo: He aquí, yo hago nuevas todas las cosas. Y añadió: Escribe, porque estas palabras son fieles y verdaderas. También me dijo: Hecho está. Yo soy el Alfa y la Omega, el principio y el fin. Al que tiene sed, yo le daré gratuitamente de la fuente del agua de la vida»* (Apoc. 21:3-6).

APLÍCALO A TU VIDA

1. ¿Hay alguna circunstancia en tu vida en la que necesites ser paciente? ¿Cuál es? ¿Qué verdad de la Palabra te ayuda a serlo?

2. ¿Es la segunda venida de Cristo algo por lo que esperas con ansias? ¿Qué crees que puedes hacer para que esto sea una realidad en tu vida?

3. ¿De cuáles formas específicas el saber que Cristo vuelve cambia tu perspectiva en medio de las pruebas?

Verdad para recordar: ¡Jesús vuelve y Él hará nuevo todo lo roto de este mundo!

RESPONDE EN ORACIÓN

Adora: Bendice Su nombre porque Sus promesas son reales. Él dijo que volvería y podemos estar seguros de eso.

Agradece: Dale gracias por la esperanza que te brinda en medio de las pruebas y la promesa de restauración de todo lo dañado de este mundo.

Confiesa: Si has podido identificar en ti un corazón desesperado y lleno de ansiedad en medio de las pruebas, llévalo delante de Él en arrepentimiento.

Suplica: Pídele al Señor que te permita poner tus ojos en Su venida y que mientras le esperas puedas fortalecer tu corazón en Él.

Día 4

PREPARA TU CORAZÓN

> *Usa este salmo para orar al Señor:*
> *«Siete veces al día te alabo, a causa de tus justas ordenanzas. Mucha paz tienen los que aman tu ley, y nada los hace tropezar. Espero tu salvación, SEÑOR, y cumplo tus mandamientos. Mi alma guarda tus testimonios, y en gran manera los amo».*
> Salmos 119:164-167

ESTUDIA EL PASAJE
Pasaje del día: ***Santiago 5:9-11***

Los siguientes puntos te ayudarán en el camino de entender este pasaje:

TEMAS

¿Cuáles son los temas principales de este pasaje?

ESTRUCTURA

¿Cuáles son las distintas partes de este pasaje?

CONTEXTO

¿Cómo ayuda el contexto histórico a entender mejor este pasaje?

¿Cómo se relaciona este pasaje con los versos anteriores y los que le siguen?

CRISTO EN EL TEXTO

¿De qué manera puedes ver la obra o el carácter de Cristo revelados en este pasaje?

TEMA UNIFICADOR

¿Cuál crees que es la idea central de este pasaje?

PROFUNDIZA EN SUS VERDADES

El llevar nuestras relaciones de una manera que honre a Dios mientras las cosas están bien es más fácil que cuando estamos bajo presión por situaciones difíciles en nuestra vida.

Entendiendo esta realidad, Santiago, luego de exhortarlos a la paciencia y a poner sus ojos en la venida del Señor, los exhorta en cómo manejarse en lo horizontal durante tiempos de presión y sufrimiento.

> *«Hermanos, no os quejéis unos contra otros, para que no seáis juzgados; mirad, el Juez está a las puertas»* (v. 9).

En medio de las circunstancias difíciles que ellos estaban viviendo, la queja los unos contra otros estaba dándose lugar. El quejarnos unos contra otros va más allá de un simple comentario porque, como ya hemos visto en otras ocasiones, toda palabra dicha es evidencia de lo que hay en el corazón.

Un corazón con una tendencia a la queja contra otros es uno que ha perdido de vista a Cristo porque, como Santiago mismo nos enseña, nadie puede decir que ama a Dios y maldecir a su hermano.

¿Por qué crees que es fácil quejarnos unos contra otros cuando estamos en medio de presión?

Algo que debemos saber es que lo que hace la queja es poner los ojos en las circunstancias y sacar a Dios de la ecuación. La queja nos gusta porque nos da cierto «poder» irreal de que estamos haciendo algo con expresar nuestro disgusto hacia alguien o algo.

Pero recordemos esto: Toda queja es una queja contra Dios. Pensamos que nos estamos quejando de tal persona o tal situación y por eso no lo vemos tan mal, pero ¿no crees tú que Dios orquesta cada situación de nuestra vida? ¿No crees tú que Dios tiene el poder para cambiar esa situación? ¿No crees tú que Dios maneja el universo y nuestras vidas de la mejor forma posible?

Si eso es así, nuestras quejas son contra Él.

Ahora bien, vale la pena tener en cuenta que hay situaciones que requieren que hablemos con otras personas con el propósito de buscar una solución. Quizás estás en una situación de peligro físico o emocional y estas cosas no deben quedar en silencio; deben ser habladas y hacerlo en este sentido no deshonra al Señor. Pero, para mantener las cosas en su contexto, este no es el tipo de queja al que Santiago se está refiriendo.

Ahora bien, Santiago les deja ver la razón por la que ellos deben tener cuidado con la queja, y es que el Juez está a las puertas.

Otra vez Santiago trae a colación la segunda venida del Señor, pero esta vez nos trae un enfoque distinto y es la venida de Cristo como Juez.

El ver a Jesús como el Juez que volverá, en el contexto de lo que Santiago nos está hablando, debe afectar nuestra perspectiva en dos sentidos:

1. Todos rendiremos cuentas de cada palabra dicha:

> *«El hombre bueno de su buen tesoro saca cosas buenas; y el hombre malo de su mal tesoro saca cosas malas. Y yo os digo que de toda palabra vana que hablen los hombres, darán cuenta de ella en el día del juicio»*
> (Mat. 12:35-36).

«De modo que cada uno de nosotros dará a Dios cuenta de sí mismo.
Por consiguiente, ya no nos juzguemos los unos a los otros, sino más bien
decidid esto: no poner obstáculo o piedra de tropiezo al hermano»
(Rom. 14:12-13).

No debemos quejarnos unos contra otros porque, aunque no para condenación en el caso de los creyentes, daremos cuenta delante del Juez de cada palabra y acción cometida. ¡Eso no es poca cosa!

2. Jesús hará justicia:

Él se encargará de juzgar las injusticias. Él no hace la vista gorda. A Él le importa; a Él le duele. Todas las injusticias que vivimos en este mundo caído no quedarán impunes; un día nuestro Juez Justo juzgará cada una de ellas. ¿Estás viviendo injusticias ahora mismo? Encuentra esperanza en que el Juez regresará.

Finalmente, Santiago trae a la escena el ejemplo de paciencia y perseverancia de los profetas y de Job:

«Hermanos, tomad como ejemplo de paciencia y aflicción a los
profetas que hablaron en el nombre del Señor. Mirad que tenemos por
bienaventurados a los que sufrieron. Habéis oído de la paciencia de Job,
y habéis visto el resultado del proceder del Señor, que el Señor es muy
compasivo, y misericordioso» (vv. 10-11).

Lo que Santiago le pide a su audiencia y nos pide a nosotros hoy no es algo que otros no hayan hecho. Hebreos 11 nos enseña que los profetas que fueron antes que nosotros fueron apedreados, aserrados, tentados y muertos a espada. Ellos nos modelaron paciencia y perseverancia en medio de sus sufrimientos.

Y, como si el ejemplo de los profetas no fuera suficiente, Santiago nos trae también el ejemplo de Job. Un hombre que padeció sufrimientos en todas las áreas. En él, vemos su ejemplo de paciencia, pero también vemos algo más a lo que Santiago nos apunta: el resultado de su paciencia, el proceder del Señor que es compasivo y misericordioso.

Pero hay alguien más cuyos sufrimientos fueron mayores que los de Job y que se entregó a sí mismo a sus padecimientos. Nuestro señor Jesús, quien por el gozo puesto delante de Él, soportó la aflicción. Ese mismo que se entregó a sufrir en nuestro lugar es el que volverá, juzgará y restaurará. Tengamos esperanza.

APLÍCALO A TU VIDA

1. ¿Has visto en tu vida la tendencia a la queja en medio de circunstancias de presión? ¿De qué formas?

_____

_____

_____

_____

2. ¿De cuáles formas te amonesta y te sirve de estímulo en tu vida el ver a Cristo como el Juez que volverá?

_____

_____

_____

3. Piensa en alguna situación difícil que estés viviendo, ¿de qué manera el ejemplo de los profetas, Job y Cristo mismo te sirven de estímulo para la paciencia y la perseverancia?

_____

_____

_____

_____

Verdad para recordar: El mismo que soportó el sufrimiento en nuestro lugar es el que nos capacita para que tengamos paciencia y perseverancia.

RESPONDE EN ORACIÓN

Adora: Exalta a Cristo por ser el Juez que obra con justicia.

Agradece: Dale gracias porque Él te capacita para responder en paciencia y perseverancia en medio del sufrimiento.

Confiesa: Lleva delante de Él en arrepentimiento cualquier actitud de queja en medio de circunstancias difíciles.

Suplica: Pídele al Señor que fije tus ojos en Su compasión y misericordia mientras esperas con paciencia en medio de tu aflicción.

PREPARA TU CORAZÓN

Usa este salmo para orar al Señor:

«Guardo tus preceptos y tus testimonios, porque todos mis caminos están delante de ti. Llegue mi clamor ante ti, SEÑOR; conforme a tu palabra dame entendimiento. Llegue mi súplica delante de ti; líbrame conforme a tu palabra».

Salmos 119:168-170

ESTUDIA EL PASAJE

Pasaje del día: *Santiago 5:12-20*

Los siguientes puntos te ayudarán en el camino de entender este pasaje:

TEMAS

¿Cuáles son los temas principales de este pasaje?

_____

_____

ESTRUCTURA

¿Cuáles son las distintas partes de este pasaje?

_____

_____

CONTEXTO

¿Cómo ayuda el contexto histórico a entender mejor este pasaje?

_____

_____

¿Cómo se relaciona este pasaje con los versos anteriores y los que le siguen?

_____

_____

CRISTO EN EL TEXTO

¿De qué manera puedes ver la obra o el carácter de Cristo revelados en este pasaje?

_____

_____

¿Cuál crees que es la idea central de este pasaje?

PROFUNDIZA EN SUS VERDADES

Ya llegamos al final de la carta de Santiago y lo que encontraremos en estos versos son exhortaciones en diferentes áreas que estaremos explorando:

1. Exhortación a la veracidad radical:

El llamado que hace Santiago aquí es uno a una veracidad que no requiera juramentos. El hombre y la mujer creyente deben cultivar una vida caracterizada por la verdad independientemente de lo que esto implique.

Este mismo llamado lo encontramos en la Palabra, dicho de los mismos labios de Jesús.

Te invito a buscar Mateo 5:33-37. ¿Qué encuentras aquí relacionado a la exhortación a la veracidad radical?

---

2. Exhortaciones para la vida en comunidad:

Una de las características que encontramos en estas exhortaciones finales es que tienen que ver con la vida en comunidad y el saber responder con empatía en medio de las diferentes vivencias que encontramos en una comunidad de creyentes.

a. En medio de los sufrimientos: Dolernos con el que se duele y elevar nuestro clamor al Señor en intercesión por otros.

b. En medio de la alegría: Gozarnos con las bendiciones de otros y elevar nuestra gratitud al Señor porque cualquier bondad en la vida de alguien viene de Él.

c. En medio de la enfermedad: Clamar a Aquel que tiene el poder para sanar al enfermo. Santiago involucra aquí a los ancianos (pastores) de la iglesia para que oren por el enfermo y para que lo unjan con aceite. Esta unción que Santiago les llama a los ancianos a hacer es algo simbólico representando el poder sanador del Espíritu Santo.

Ahora bien, ¿el texto nos está diciendo que todo aquel por el que se ore Dios lo va a sanar? En ningún momento Santiago nos está diciendo que para que una persona se sane lo único que necesita hacer es pedirles a los ancianos que oren por ella y listo. Tampoco nos está diciendo que si la sanidad no llega es porque faltó fe en la oración de los ancianos. Debemos recordar que la sanidad, cuando llega, es un regalo de Dios, quien es soberano sobre toda circunstancia.

Lo que el texto sí me deja ver es que yo puedo tener la fe de ir donde Dios y orar por sanidad, yo puedo pedir eso porque Dios es poderoso y Él todo lo puede, y esa es una fe que muchas veces nos falta. Y, si es del Señor, Él confirmará y actuará. Pero la sanidad siempre vendrá de Él, conforme a Sus propósitos.

Hay un ingrediente más que Santiago trae a colación y es la presencia del pecado en medio de la enfermedad y la confesión de esos pecados para la sanación.

Con relación a esto la Biblia de estudio ESV nos dice lo siguiente:

«La frase "si ha cometido pecados" implica que no todas las enfermedades están relacionadas con pecados específicos, aunque Santiago parece esperar que haya alguna enfermedad (1 Cor. 11:30). A veces es necesaria la confesión en la comunidad antes de que haya sanación, ya que el pecado puede ser la causa de la enfermedad. Orar unos por otros está dirigido a todos los lectores de la carta de Santiago e indica que él no esperaba que la oración por la sanación se limitara a los ancianos (Sant. 5:14). Los justos tendrán un gran poder en la oración, ya que Dios les concede sus peticiones».[1]

Dentro de todo este contexto de la oración, Santiago trae a colación el ejemplo de Elías.

Lee 1 Reyes 18:20-40. ¿De qué manera esta historia te ayuda a entender el rol de Dios, el nuestro y la oración?

d. Exhortación a ser intencional en traer a alguien del error.

En toda congregación, encontraremos a otros que decidirán alejarse de la fe e irse tras el error. Nuestra respuesta como cristianos no debe ser una de indiferencia, sino

---

[1] ESV, Study Bible. (Wheaton: Crossway, 2011).

de intencionalidad en tratar de hacer que la persona vuelva a la verdad. Cuando esto sucede, Santiago dice que: «... sepa que el que hace volver a un pecador del error de su camino salvará su alma de muerte, y cubrirá multitud de pecados» (v. 20).

Solo el Señor es quien salva y perdona pecados, pero cuando logramos que alguien vuelva de su error nos convertimos en agentes del perdón de Dios.

Comprometernos con recuperar al que se ha perdido y hacerlo en oración, con amor y confrontación, muestra que amamos a la iglesia y creemos con Santiago que quien aleje a un pecador de su error lo salvará de la muerte y cubrirá una multitud de pecados (v. 20). ¡Que el Señor nos ayude a tener vidas que busquen la redención bajo el ministerio de reconciliación que Él mismo nos ha dado, reclamando almas errantes para Cristo!

Y, con esta última exhortación, termina la carta de Santiago. Una carta que nos enseña cómo luce una fe en acción, cómo el evangelio de nuestro Señor Jesucristo impacta nuestras vidas y nos capacita para que en Sus fuerzas podamos tener una fe viva.

APLÍCALO A TU VIDA

1. ¿Crees que tu vida es caracterizada por la verdad? Llévalo al contexto de tus diferentes relaciones: ¿cumples tus promesas con tus hijos? ¿Respondes con verdad cuando tu esposo te hace alguna pregunta sobre algo que está en tu interior? ¿Eres honesta con tus padres? ¿En tus relaciones de amistad?

----

2. ¿Cuál es tu reacción en medio del dolor del otro? ¿Tienes un corazón que sabe dolerse con el sufrimiento de los demás? Piensa en alguien que esté sufriendo cerca de ti, ¿qué puedes hacer para dolerte con su dolor y mostrarle tu empatía?

----

3. ¿Cuál es tu reacción frente a las alegrías de otros a tu alrededor? ¿Se te hace fácil adorar al Señor por cómo Él ha decidido bendecirlos o tu tendencia es a los celos? ¿Qué crees que debe suceder en tu vida para que puedas responder al llamado de adorar al Señor por las bendiciones de otros?

_____

_____

_____

_____

Verdad para recordar: Cristo mismo nos provee de todo lo que necesitamos para poder tener una fe viva. ¡Responde en obediencia y descansa en Su poder!

RESPONDE EN ORACIÓN

Adora: Exalta a Cristo por Su obra a nuestro favor que nos capacita para tener una fe viva.

Agradece: Dale gracias por Su provisión para poder obedecerle y Su perdón cuando no lo haces.

Confiesa: ¿Pides por los que sufren? ¿Adoras con los que son bendecidos? Si esto no es una realidad en tu vida, llévalo delante del Señor en arrepentimiento.

Suplica: Pídele al Señor que te dé un corazón que aprenda a mirarlo a Él en cada circunstancia, en medio del sufrimiento y en medio de la abundancia.

> *«Sed también vosotros pacientes; fortaleced vuestros corazones, porque la venida del Señor está cerca».*
> Santiago 5:8

PREGUNTAS PARA DISCUSIÓN DE GRUPO

1. ¿Por qué crees que el creyente debe tener especial cuidado con su corazón y las riquezas?

2. ¿De qué manera cambia nuestra perspectiva en el sufrimiento al ver a Cristo como el Juez que volverá?

3. ¿Cuál es nuestra tendencia en medio de las alegrías y los sufrimientos de otros? ¿Por qué crees que es así?

4. ¿De qué manera bíblica podemos poner nuestra fe en ejercicio al orar?

5. ¿De qué manera Dios usó este capítulo para trabajar en tu vida?

GUÍA DEL LÍDER

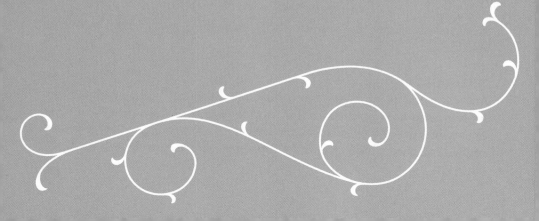

¡Qué bueno que has decidido compartir este estudio con un grupo de mujeres! Oro para que Dios use Su Palabra en tu vida y en la vida de cada mujer que se exponga a ella y las lleve a través de las verdades de este libro a tener una fe viva.

Con el propósito de que tu tiempo de estudio de este material junto a otras mujeres pueda ser aún más provechoso, hay algunas recomendaciones que me gustaría darte sobre cómo dirigir este estudio:

- **Procura prepararte con anterioridad:** Estudiar el material de manera detenida y con antelación te ayudará a poder dirigir la reunión de una manera más eficiente.

- **Mantén la Palabra como tu prioridad:** Solo la Palabra de Dios tiene el poder para transformar. No permitas que las conversaciones en tu grupo de estudio se centren en opiniones y experiencias personales, y dejen de lado las verdades de la Escritura.

- **Depende del Espíritu Santo:** Solamente Él puede abrir nuestros ojos ante las verdades de Su Palabra. Ora antes, durante y aun después del estudio por el obrar de Dios a través de Su Palabra en tu vida y en la vida de cada mujer con la que tienes la oportunidad de hacer este estudio.

Para poder ayudarte en tu proceso de guiar a otras mujeres a través de este estudio, al final de cada capítulo encontrarás 5 preguntas que pueden servirte para profundizar con tu grupo los distintos temas tratados en cada capítulo.

¡Que el Señor use Su Palabra en sus vidas y puedan ver a nuestro glorioso Señor a través del Libro de Santiago!

Esta guía tiene el propósito de ser una ayuda en medio de la preparación del estudio, pero no pretende ser el lugar donde encontrarás todas las respuestas a cada punto. Esto conllevará trabajo de tu parte y ¿sabes qué? ¡Eso es bueno! Si estás usando este material para un estudio grupal, recuerda que primero debes buscar tu propio crecimiento. Este libro de la Biblia debe ministrar primero tu corazón como líder para que luego puedas guiar a las mujeres que te acompañarán en este recorrido, porque no podrás dar de aquello que primero no has recibido.

En algunas secciones encontrarás consejos generales y en otras algunas posibles respuestas.

INTRODUCCIÓN

Antes de entrar en las diferentes secciones, te animo a que juntas puedan revisar las respuestas a las preguntas introductorias de cada capítulo, palabras e ideas importantes que se repiten en el texto, atributos de Dios exaltados o alguna idea confusa que encontraron en el texto. Esto les servirá de base antes de entrar de manera detallada en las secciones de cada capítulo.

Recuerda que esta sección es una exploración general del capítulo completo y es importante que cada una haya tenido interacción con el este, antes de ir a cada sección.

ESTUDIA EL PASAJE
En esta sección, no necesariamente hay una sola forma correcta de presentar las respuestas. Cada una de las participantes del estudio puede presentar estas áreas de maneras distintas, siempre y cuando lo que se presente sea fiel al texto.

CONTEXTO
En el contexto de cada sección, recuerda considerar los versos anteriores y posteriores a la sección que están estudiando y también el trasfondo histórico del libro (puedes encontrar información sobre esto en la introducción del estudio).

TEMA UNIFICADOR
El tema unificador es el mensaje principal que un pasaje quiere comunicarnos y este puede ser expresado en una breve y sencilla oración. Observa, medita y ¡usa tu creatividad! Presta atención a las palabras e ideas repetidas; esto puede darte una idea de cuál sería el tema unificador del pasaje que estás estudiando.

Cuando estés en tu grupo, trata de escuchar las diferentes formas en las que algunas desarrollaron el tema unificador del texto; recuerda que no hay una sola forma de hacerlo, pero el contenido debe ser fiel y congruente con el pasaje al que se refiere.

APLICACIÓN
La aplicación tiene que ver con cómo llevamos a la vida diaria el pasaje que estamos estudiando. Algo que puede ser de utilidad para encontrar la aplicación de un pasaje es preguntarnos de qué manera este texto puede hacer una diferencia en mi corazón y en mis acciones.

Es importante que animes a tu grupo a que las aplicaciones que hagan sean específicas y no de asuntos tan generales que luego ni siquiera sepan cómo llevarlos a la obediencia. Recuérdales también que, en su estudio personal, la aplicación debe ser aquello a lo que Dios las está llamando a obedecer en torno a lo que Él ha revelado en el pasaje estudiado y que deben examinar cada una sus propios corazones. Y, finalmente, te animo a enfatizar una y otra vez nuestra necesidad de dependencia del Espíritu Santo para una vida de obediencia, ¡separadas de Él nada podemos hacer!

RESPONDE EN ORACIÓN
Entendiendo la realidad de que lo necesitamos y que solo Él puede transformar nuestros corazones a través de Su Palabra, necesitamos recurrir continuamente a la oración y es por esto que este estudio inicia y cierra reconociendo esta realidad.

Anima a aquellas que están haciendo este recorrido contigo a terminar cada sección en adoración, confesión, gratitud y súplica, y procura que de esa misma manera termine su tiempo de reunión.

¡Qué el Señor sea contigo al dirigir este estudio!

Aquí algunas posibles respuestas por capítulo a dos de los puntos de esta sección:

Primera semana

TEMAS:

- El cristiano en medio de las pruebas
- Sabiduría en medio de las pruebas
- La brevedad de las riquezas
- La anatomía de la tentación
- Hacedores de la Palabra
- La religión pura y sin mancha

ESTRUCTURA:

I- Saludo (1:1)
II- Gozo en medio de las pruebas (1:2-4)
  - Resultado de las pruebas
III- Sabiduría en las pruebas (1:5-8)
  - Dios da sabiduría al que la pida sin dudar
IV- Lo pasajero de las riquezas (1:9-11)
V- Perseverancia bajo la prueba (1:12)
VI- Dios no tienta a nadie (1:13-18)
  - Anatomía de la tentación
  - Lo que viene de Dios
VII- Hacedores de la Palabra (1:19-27)

Segunda semana

TEMAS:

- El favoritismo
- La misericordia sobre el juicio
- La fe sin las obras está muerta

ESTRUCTURA:

I- El pecado de favoritismo (2:1-13)
  - Fe sin favoritismo
  - La ley real
  - Juzgados por la ley de la libertad
  - La misericordia sobre el juicio
II- La fe sin las obras (2:14-26)
  - La fe sin obras está muerta
  - El ejemplo de Abraham y Rahab

Tercera semana

TEMAS:

- Un juicio más severo para los maestros

- El poder de la lengua

- Muestra de la sabiduría por la buena conducta

- La sabiduría terrenal, natural y diabólica

- La sabiduría de lo alto

ESTRUCTURA:

I- Un juicio más severo para los maestros (3:1-2)
II- La lengua: pequeña pero poderosa (3:3-12)
  - Comparaciones de la lengua
  - Una misma lengua no puede bendecir a Dios y maldecir al hermano
III- La evidencia de la sabiduría (3:13-18)
  - Sabiduría mostrada en buena conducta
  - Ambición personal = sabiduría terrenal, natural y diabólica
  - La sabiduría de lo alto

Cuarta semana

TEMAS:

- Las guerras y los conflictos entre creyentes

- Las pasiones

- Amistad con el mundo y enemistad con Dios

- La gracia para el humilde

- El juicio hacia los demás

- Lo incierto y pasajero de la vida

ESTRUCTURA:

I- El origen de nuestras guerras y conflictos (4:1-3)
  - Las pasiones de nuestro corazón
  - Oraciones egoístas

II- El adulterio de nuestras almas (4:4-8)

   - Dios es celoso con Su adoración

   - Resistiencia al diablo y acercamiento a Dios

III- Solo hay Legislador y Juez (4:11-12)

   - El que habla mal de un hermano o lo juzga a la ley

IV- La incertidumbre de la vida (4:13-17)

   - La actitud de «si Dios quiere»

   - La arrogancia de pensar que tenemos el control

Quinta semana

TEMAS:

- Lo pasajero de las riquezas
- La opresión
- El placer y las riquezas
- La gracia para el humilde
- Paciencia en medio de las pruebas
- La venida del Señor, el Juez
- El sufrimiento de los profetas y Job
- Una vida de veracidad
- Vida en comunidad: sufrimientos, alegría y enfermedad
- Rescatando a otros del error

ESTRUCTURA:

I- Amonestación a los ricos (5:1-6)

II- Paciencia en medio de las pruebas (5:7-11)

   - La venida del Señor está cerca

   - El juicio del Juez

   - Los profetas y Job

III- Exhortaciones finales (5:12-20)

   - Llamado a la verdad

   - Vivir en comunidad en medio de los sufrimientos, alegría y enfermedad

   - Amar al perdido

BIBLIOGRAFÍA

- *ESV, Study Bible.* (Wheaton: Crossway, 2011).

- *ESV, Women's Devotional Bible.* (Wheaton: Crossway, 2011).

- *The Reformation Study Bible.* (Sanford: Reformation Trust Publishing, 2015).

- Gilbert, Greg. *Knowing The Bible: James, A 12 Week Study.* (Wheaton: Crossway, 2013).

- Hughes, Kent, *Preaching The Word Commentary Series: James: Faith that Works.* (Wheaton: Crossway, 2015).

NOTAS

COALICIÓN POR EL EVANGELIO es una hermandad de iglesias y pastores comprometidos con promover el evangelio y las doctrinas de la gracia en el mundo hispanohablante, enfocar nuestra fe en la persona de Jesucristo, y reformar nuestras prácticas conforme a las Escrituras. Logramos estos propósitos a través de diversas iniciativas, incluyendo eventos y publicaciones. La mayor parte de nuestro contenido es publicado en www.coalicionporelevangelio.org, pero a la vez nos unimos a los esfuerzos de casas editoriales para producir y colaborar en una línea de libros que representen estos ideales. Cuando un libro lleva el logo de Coalición, usted puede confiar en que fue escrito, editado y publicado con el firme propósito de exaltar la verdad de Dios y el evangelio de Jesucristo.

TGC | COALICIÓN